PERSONAJES
IMPORTANTES
en la Historia

LIBSA

© 2023, Editorial LIBSA
C/ Puerto de Navacerrada, 88
Polígono Industrial Las Nieves
28935 Móstoles (Madrid)
Tel.: (34) 91 657 25 80
e-mail: libsa@libsa.es
www.libsa.es

Textos: Carla Nieto Martínez
Ilustración: Collaborate Agency • Hannah Wood
Fotografía: Shutterstock Images

ISBN: 978-84-662-4077-2

CONTENIDO

INTRODUCCIÓN

Edward Jenner

Personajes muy (pero que muy) importantes

Todos los personajes con los que te vas a encontrar a lo largo de estas páginas son personas que en su vida realizaron acciones de mérito en beneficio de todos a lo largo de la Historia, desde los tiempos del antiguo Egipto hasta la actualidad.

No llevan capa, ni tienen superpoderes, la mayoría no son ultra-mega-famosos y muchos de ellos ni siquiera fueron conscientes en su momento de que lo que habían inventado, lo que habían hecho o si las circunstancias concretas que les tocó vivir iban a ser consideradas incluso como heroicidades.

Las aportaciones de todos estos personajes (algunos protagonistas de este libro y otros que lo completan en las páginas finales) han cambiado para bien la vida de las personas, tanto las de su época como las de las generaciones posteriores. Y lo han hecho de distinta manera:

Medicina y salud

Un buen número de las hazañas que se recogen en este libro se han producido en el campo de la Medicina. Desde el primer médico «oficial» de la historia, **Hipócrates**, a quien sus colegas le deben, entre otras cosas, la creación del diagnóstico clínico, hasta los inventores de vacunas frente a enfermedades que eran mortales como la viruela (**Edward Jenner**) o la poliomielitis (**Jonas Salk**). Muchos sanitarios y científicos han dedicado su trabajo a encontrar soluciones a problemas que surgían en la atención a los pacientes: una inyección rápida y prácticamente indolora (la enfermera **Letitia Mumford Geer**); la anestesia quirúrgica (el

Hipócrates

dentista **Horace Wells**); la necesidad de ver el interior del cuerpo mediante radiografías (el físico **Wilhelm Roentgen**); o de disponer de un «medidor» de la temperatura corporal (**Gabriel Fahrenheit**, inventor del termómetro de mercurio con un sistema de medición en grados).

El desarrollo de nuevos fármacos también se puede considerar una acción beneficiosa para la Humanidad y en este sentido, tanto **Gertrude B. Elion** (una bioquímica que patentó 45 medicamentos) como **Felix Hoffmann** (artífice de la formulación de la aspirina) son protagonistas importantes. ¡Y qué decir del legado que han dejado para la Medicina presente y futura expertos como **Santiago Ramón y Cajal** y **Sigmund Freud!**

Personajes importantes «por casualidad»

Otro tipo de personajes tuvieron que hacer frente a situaciones inesperadas, ante las que optaron por actuar de una forma determinada y/o tomaron decisiones que les llevaron a salvar la vida a muchas personas. Es el caso de **Oskar Schindler** (su estrategia de «despiste» hacia los oficiales alemanes y sus argucias durante la II Guerra Mundial libraron a 1 200 judíos de acabar en los campos de concentración nazis).

Curiosamente, con tres décadas de diferencia, dos militares rusos se enfrentaron a situaciones muy parecidas en las que tuvieron, en tiempo récord y bajo máxima presión, que tomar decisiones de las que dependía el inicio de una guerra mundial (y nuclear). Estamos hablando de **Vasili Arkhipov** y **Stanislav Petrov**.

Santiago Ramón y Cajal

Freud

Oskar Schindler

Letitia Mumford Geer

También es resultado de una decisión, pero mucho más sosegada, la valentía que define al australiano **James Harrison**, gracias a la cual casi dos millones y medio de bebés nacieron en perfectas condiciones (descubrirás cuál fue esta decisión y, también, la razón por la que se le conoce como «el hombre del brazo de oro», en el capítulo que narra su historia).

Personajes líderes y gobernantes

Muchos de los gobernantes de la Historia se han caracterizado por sus «modernas» actitudes ante sus súbditos y compatriotas. Es el caso de **Ciro II El Grande** y del **emperador Adriano**, ambos al frente de reinos e imperios en los que habitaban personas de distinta nacionalidad, etnia y religión y cuyos derechos y libertades se esforzaron en respetar y proteger.

Vasili Arkhipov

Abraham Lincoln, uno de los presidentes más famosos de EE.UU., dio un paso más en este sentido, al decretar la abolición de la esclavitud a la que estaba sometida la población negra en su país.

Otros líderes memorables presentes en estas páginas son **Mahatma Gandhi** (¿hay algo más épico que conseguir la independencia de un país por la vía de la «no violencia»?) y **Winston Churchill** (héroe al frente de las tropas inglesas que mantuvo el ánimo de la sociedad británica en todo lo alto incluso cuando las cosas iban muy mal durante la II Guerra Mundial).

Sobekneferu

Las mujeres protagonistas

Aunque todas ellas podrían encajar perfectamente en alguna de las otras categorías, las hemos agrupado en esta presentación para poner de relieve el papel de muchas mujeres que vivieron en épocas más difíciles y con menos libertades y reconocimiento que la actual y que, a pesar de ello, llevaron a cabo hazañas, proyectos y logros muy importantes. Es el caso de **Sobekneferu**, la reina-faraón que en pleno Imperio Medio del Antiguo Egipto impuso un estilo propio de gobernar (muy distinto al de los faraones-hombre) y luchó por la igualdad de género.

Ptolomeo

Muchos siglos después, en plena Inglaterra victoriana, **Emmeline Pankhurst** se desmarcó del estilo «políticamente correcto» que hasta entonces tenían las reivindicaciones de los derechos femeninos y optó por un «plan B» más, digamos, «revoltoso», pero efectivo, pues logró que las mujeres tuvieran derecho al voto.

Unos años antes, **Anne Marie Paulze**, conocida como Madame Lavoisier, también libró su peculiar batalla reivindicativa, en su caso poniendo en valor el papel de la mujer en la ciencia mediante la difusión del trabajo que ella y su marido, el físico Antoine Lavoisier, habían desarrollado en el campo de la química.

Por suerte, en la actualidad podemos seguir de cerca la trayectoria de dos jóvenes protagonistas, ambas implicadas en causas importantísimas. Una es la pakistaní **Malala Yousafzai,** quien tras sobrevivir a un terrible atentado con el que quisieron callarla para siempre, alzó su voz más alto todavía a través de su lucha por conseguir que los niños y niñas de todo el mundo tengan derecho a la educación.

La otra es la joven sueca **Greta Thunberg**, quien con su «huelga escolar por el clima» ha conseguido que los principales dirigentes mundiales se tomen en serio la salud medioambiental y la conservación del planeta.

Personajes científicos, tecnológicos y medioambientales

Uno de los personajes que cuenta con un amplio catálogo de increíbles logros en distintos campos es **Ptolomeo**, sabio-experto-erudito en casi todas las disciplinas conocidas en su época y cuya ordenación del universo ha sido clave para conocer qué hay más allá del firmamento.

Malala
Yousafzai

Greta
Thunberg

7

Johann Gregor Mendel ha sido un científico determinante en el campo de la genética, que, como curiosidad, encontró en los guisantes la respuesta a la mayoría de sus preguntas. El cultivo alimentario, en su caso del trigo, también es el escenario en el que se sitúa la proeza protagonizada por el científico agrícola **Norman Ernest Borlaug**, conocida como «la revolución verde».

La contaminación y el daño medioambiental fue una cuestión que saltó al escenario del interés científico en el siglo pasado. **Clair Cameron Patterson** fue uno de los primeros expertos que dio un paso adelante en este sentido, advirtiendo de los riesgos que esta situación implica para la salud de las personas y también para la del planeta.

Alan Turing

Y en una época tan virtual y «punto cero» como la que vivimos, qué menos que hacer mención a dos de los artífices de que hoy podamos relacionarnos, estudiar, comprar y hacer prácticamente todo a golpe de click. Nos referimos a **Alan Turing**, considerado –con todo merecimiento– como el «padre» de la Inteligencia Artificial (IA), y a **Tim Berners-Lee**, responsable de esas tres www (World Wide Web) que rigen el mundo de Internet.

Johann Gregor
Mendel

Gertrude B. Elion

Y los personajes que nos han hecho la vida diaria más fácil

Louis Braille cambió el panorama vital de los millones de personas que, como él, eran invidentes con su método de lecto-escritura; **George William Manby** se lo puso mucho más fácil a los bomberos al inventar el extintor de incendios; el médico **Ignaz Semmelweis** se dio cuenta, tras un «experimento» con sus ayudantes, de lo importantísimo que es lavarse las manos (algo en lo que, por lo visto, nadie había reparado antes)… Para valorar adecuadamente la relevancia que tienen estas y otras hazañas no hay más que pensar un poco en qué pasaría si los gestos de estos personajes no se hubieran producido.

También podrás comprender por qué fueron tan importantes innovaciones como el náilon, las construcciones prefabricadas o el teorema de Tales. De todo ello se habla en estas páginas en las que, además, te contamos por qué muchos ascensores «se llaman» Otis, cómo hacían fuego nuestros parientes de la prehistoria o qué suceso hay detrás de la creación de la Cruz Roja, sin duda, una de las organizaciones más comprometidas que trabajan en el mundo entero.

Pero sobre todo, descubrirás que todos, a nuestra manera, podemos ser importantes. No hace falta protagonizar grandes gestas: basta con tener ganas de mejorar el mundo en que vivimos y ayudar a las personas que nos rodean.

Louis Braille

Sobekneferu

La reina-faraón

El - Faiyum

EGIPTO

¡Hola!, me llamo Sobekneferu, aunque también me conocen como Neferusobek (sí, ya sé que ninguno de los dos nombres es fácil de pronunciar, pero qué le vamos a hacer… costumbres de la época faraónica). Viví en el siglo XVII a.C., y soy hija del faraón Amenemhet III, quien gobernó durante muchos años y fue muy querido por su pueblo.

Lo habitual en Egipto es que subieran al trono los hijos varones de los faraones, pero mi padre solo tuvo hijas, así que se decidió que la heredera sería mi hermana mayor, Neferuptah. A ella le entusiasmaba la idea y estuvo preparándose intensamente para reinar, pero la pobre murió antes que mi padre, y la siguiente en la lista sucesoria era yo.

Fue así como me convertí en la última representante de la XII Dinastía… y, también, en la primera mujer que gobernó Egipto. Mi reinado duró exactamente 3 años, 10 meses y 24 días.

Dicen de mí que era muy inteligente, con una voluntad inquebrantable, un carácter muy fuerte y muchas ganas de aprender (sinceramente, creo que todo es cierto). Me tomé muy en serio la tarea de gobernar, asesorándome con los mejores expertos antes de adoptar las decisiones más difíciles, las cuales puse en práctica sin dudar. Con ello me gané el respeto tanto de mis súbditos como de mis colaboradores, algo nada fácil ya que para los antiguos egipcios lo normal era que el cargo de faraón –«la más alta autoridad en la Tierra, interlocutor entre los dioses y los humanos»–, lo ocupara un hombre. De hecho, al principio, tuve que «pararle los pies» a alguno de ellos, que quería conspirar contra mí.

A pesar de lo corto de mi reinado, lo hice bastante bien, sobre todo teniendo en cuenta que coincidió con un largo periodo de sequías, crisis económica y revueltas populares. También impulsé las construcciones funerarias gracias a las cuales la Humanidad conoce ahora muchos de los secretos del Antiguo Egipto. Pero de lo que más orgullosa me siento es de haber sido la primera «mujer-faraón» de la Historia.

FARAONA, GOBERNANTE Y, SOBRE TODO, MUJER

Sobekneferu se negó a ceder a las presiones que recibió para «masculinizar» su reinado y logró imponer su propia forma de gobernar. Hizo que la llamaran «reina-faraón» (el término «faraona» no se empleaba en esa época) y reivindicó su rol femenino de una forma muy inteligente. Prueba de ello son las estatuas que se conservan de ella y en las que se puede ver el original «look» con el que quiso ser representada por los artistas: un atuendo en el que algunos de los atributos típicos de los faraones se combinaban con elementos femeninos. Y, de la misma manera, adaptó al género femenino la mayoría de los títulos que ostentaba («*Amada de Re*», «*Señora de las Dos Tierras*», «*Hija del Poder*», «*Eterna de Apariciones Radiantes*»). Con todos estos gestos manifestó su inconformismo frente a los cánones de la época y demostró que podía gobernar igual que los hombres faraones sin necesidad de adoptar una «personalidad masculina».

LAS OTRAS «REINAS DEL NILO»

Aunque hay datos que sugieren que antes que Sobekneferu pudo haber otras mujeres en el trono egipcio, lo cierto es que es la primera que aparece como tal en documentos oficiales, listas reales y distintas inscripciones. Después de ella, otras mujeres ostentaron el poder faraónico. Las más famosas y conocidas son Hatshepsut, que gobernó durante 20 años y, sobre todo, Cleopatra VII.

FICHA PERSONAL

Nombre: Sobekneferu (también aparece en algunos documentos como Neferusobek).

Fecha de nacimiento: Siglo XVII a.C.

Dirección: Palacio Real de El-Faiyum (Egipto).

Nacionalidad: Egipcia.

Ocupación: Reina-faraón de la XII Dinastía dentro del periodo del Imperio Medio del Antiguo Egipto entre 1760 a.C. y 1756 a.C.

Señas de identidad: Inteligente, valiente, decidida, responsable y con mucha determinación. Es considerada como un ejemplo de fuerza y superación.

Elementos distintivos: Es representada con una original vestimenta en la que se mezclan atributos masculinos y femeninos.

Su legado: Luchó por la igualdad de género y contribuyó a la construcción del Laberinto de Amenemhat III y otros lugares de culto importantes.

Un misterio: No se sabe nada de la forma en la que murió ni tampoco dónde está enterrada. Hay varias teorías (se dice que podría estar en una de las pirámides de Mazghuna) pero a día de hoy, encontrar la tumba Sobekneferu sigue siendo uno de los misterios sin resolver para los egiptólogos.

¿Sabías que...

El nombre Sobekneferu significa «belleza de Sobek». Sobek era el «dios cocodrilo», protector de El-Faiyum, la capital religiosa y política del país en esa época y un sitio muy especial, pues se trataba de un oasis en el que los cocodrilos vivían libres y felices, ya que los habitantes tenían la obligación de alimentarlos y venerarlos.

Hipócrates

El padre de la Medicina

(y primer médico oficial de la Historia)

Cos

Me llamo Hipócrates de Cos y no, Cos no es mi apellido, sino el nombre de la isla griega en la que nací, allá por el siglo V a.C. Me pusieron el nombre de mi abuelo, que era médico, al igual que mi padre, Heráclides, quien también ejercía esta profesión.

A los 13 años tuve claro que quería seguir la tradición familiar y dedicarme a la Medicina, así que mi familia me llevó al que en ese momento era el mejor sitio para aprender: el Asclepeion, uno de los templos más importantes de la Antigua Grecia, levantado en honor de Asclepios, el dios mitológico de la Medicina. A ese santuario-escuela acudían pacientes de todo el país en busca de remedios para sus dolencias.

Después me fui a Egipto, para completar mi formación. Fue el primero de los muchos viajes que hice en mi vida —¡me encantaba visitar sitios nuevos y conocer de primera mano las distintas formas de tratar las enfermedades!—. Tras pasar temporadas en Tracia, Tesalia y Atenas, volví a Cos y allí fundé una escuela de Medicina que en poco tiempo llegó a ser la más famosa.

¿Sabéis por qué tuvo tanto éxito mi escuela? Pues porque mi forma de intentar curar las enfermedades no tenía nada que ver con lo que se había hecho hasta entonces. Mis años de aprendizaje me hicieron darme cuenta de lo importante que es la buena alimentación, hacer ejercicio físico, estar en contacto con la naturaleza y tener unos hábitos sanos.

Además de enseñar a mis alumnos todas estas cosas, me esforcé en transmitirles la idea de que debían ser excelentes profesionales pero, por encima de todo, tenían que ser buenas personas, actuar con honradez y mostrarse solidarios, unas pautas que yo intenté seguir durante mi larga vida, ya que fallecí a los 90 años, algo rarísimo en esa época.

DE LA «IRA DE LOS DIOSES» AL DIAGNÓSTICO CLÍNICO

En la época de Hipócrates se creía que las enfermedades eran un castigo de los dioses o el resultado de conjuros mágicos, por lo que la gente pensaba que solo podía curarse ofreciendo sacrificios o haciendo determinados rituales. Hipócrates acabó con todas esas creencias y transformó la Medicina en lo que es hoy en día: una ciencia basada en la observación de lo que le ocurre a cada persona y en el estudio de las características de las distintas enfermedades para así detectar los síntomas y establecer un diagnóstico. Su idea de la salud y la enfermedad demuestra que estar sano y sentirse bien no tiene nada que ver con fenómenos mitológicos o sobrenaturales, sino que depende, sobre todo, del estilo de vida.

EL JURAMENTO HIPOCRÁTICO

NO LLEVAR OTRO PROPÓSITO QUE EL BIEN Y LA SALUD DE LOS ENFERMOS

El documento más famoso de Hipócrates es el «juramento hipocrático», en el que da las pautas que deben seguir los médicos en el ejercicio de su profesión e incluye cuestiones tan importantes como el secreto profesional (no contar a otra persona lo que le pasa a un enfermo) o la obligación de intentar siempre «ayudar o, por lo menos, no perjudicar al paciente». Actualmente, y desde hace muchos siglos, los estudiantes que terminan la carrera de Medicina pronuncian de forma simbólica este «juramento» antes de empezar a ejercer su profesión.

FICHA PERSONAL

Nombre: Hipócrates de Cos.

Fecha de nacimiento: 460 a.C.

Dirección: Escuela de Medicina de la isla de Cos (Grecia).

Nacionalidad: Griega.

Ocupación: Médico y profesor de Medicina.

Aportaciones: Muchas, pero una de las más importantes es su «Teoría de los humores», según la cual el cuerpo humano estaba formado por cuatro sustancias (flema, sangre, bilis amarilla y bilis negra), de cuyo equilibrio dependía la salud.

Intereses: Además de la Medicina, era un amante de la filosofía, del arte y de la cultura en general.

Cosas que dijo: «Un hombre sabio debería darse cuenta de que la salud es su posesión más valiosa»; «Que tu alimento sea tu medicina».

Su legado: Sus escritos (entre 50-70, aunque se piensa que no los redactó todos) en los que recoge sus ideas sobre la profesión médica y el tratamiento de muchas enfermedades. Se conoce como «Colección Hipocrática» (*Corpus Hippocraticum*) e incluye el famoso «juramento».

¿Sabías que...

Aunque Hipócrates se convirtió en el médico de referencia de reyes, gobernantes y las personalidades más relevantes de la época, su prioridad era curar gratuitamente a mendigos y personas sin recursos. Cuentan que cuando estalló la guerra entre los atenienses y los persas, el rey de estos, Artajerjes, le ofreció valiosísimos regalos y comodidades para convencerlo de que fuera el médico de su ejército. No sirvió de nada, ya que Hipócrates se negó a poner sus conocimientos al servicio de los enemigos de su país.

Ptolomeo

El sabio que puso orden en el Universo... y muchas cosas más

Me llamo Claudio Ptolomeo (o Tolomeo, como más os guste) y «oficialmente» soy astrónomo, pero la verdad es que fui experto en muchas otras disciplinas, algo que no era raro en mi época, el siglo II d.C., y sobre todo en la ciudad en la que yo vivía, Alejandría, cuya Biblioteca (de la que formé parte) se consideraba en ese momento el centro del saber mundial.

Mi familia procedía de Grecia, pero yo nací en Egipto (por entonces, una importante provincia romana). ¿Os cuento un secreto? Desde que era muy pequeño, para mí todo tenía una explicación matemática: pensaba y vivía en «modo matemático» y estaba convencido de que las matemáticas eran la base del resto de las ciencias y saberes. Por ejemplo, escribí un tratado sobre música (*Harmónicos*) en el que expuse mi teoría de que las matemáticas, los planetas y las distintas notas musicales están relacionados entre sí.

Sin embargo, lo que me dio más fama fueron mis explicaciones sobre el funcionamiento del Universo. Y es que, tanto el estudio de lo que habían dicho los expertos sobre el tema, como mi trabajo como observador en el templo del dios Serapis de la ciudad de Canopus (cerca de Alejandría), me llevaron a la conclusión de que la Tierra estaba en el centro, inmóvil, y a su alrededor giraban el Sol, la Luna y los cinco planetas que se conocían en ese momento: Mercurio, Venus, Marte, Júpiter y Saturno.

Otro de mis hallazgos que tuvo gran repercusión fue mi cálculo de la circunferencia de la Tierra: entre 25 000 y 30 000 km. Siglos después se comprobó que la dimensión real es de 40 076 km. Sí, es verdad, me quedé corto, pero teniendo en cuenta que en esa época no había ni telescopios ni la actual tecnología aeroespacial, creo que tuve bastante mérito, ¿no? También elaboré un catálogo de 1 028 estrellas.

Hice un tratado sobre Óptica, dónde analicé el fenómeno de reflexión y refracción de la luz; fui un reconocido experto en Trigonometría y Geometría (dos ramas de las Matemáticas) y en el campo de la Geografía, recopilé todos los mapas del mundo existentes hasta entonces. Como veréis, en mis más de 70 años de vida no me aburrí ni un segundo.

¿Sabías que...

Además de sus teorías sobre el Universo, la gran aportación de Ptolomeo a la historia de la Humanidad fue el enorme trabajo de recopilación que hizo de todos los conocimientos y saberes que había en ese momento sobre distintas ciencias, recogidos en distintas colecciones de libros que fueron considerados durante muchos siglos como textos de referencia en varias disciplinas. Su obra más famosa es el *Almagesto*, un tratado sobre Astronomía y Trigonometría.

SU PARTICULAR «APORTACIÓN» AL DESCUBRIMIENTO DE AMÉRICA

En otra de sus obras, *Geografía*, reunió todos los conocimientos sobre la configuración del mundo tal y como se conocía hasta entonces, con datos procedentes tanto de los científicos como de los viajeros de la Antigüedad. Completó la información con un original sistema de cuadrículas para representar la latitud y la longitud que le permitió situar en el mapa un total de 8 000 poblaciones. Durante muchos siglos, esta obra fue una referencia para las expediciones que se hacían a la mar en busca de nuevos territorios, entre ellas la capitaneada por Cristóbal Colón. Sin embargo, y debido a la inexactitud del cálculo de la circunferencia terrestre hecho por Ptolomeo, Colón no llegó a las Indias Occidentales, como era su intención, sino a un nuevo continente: América.

FICHA PERSONAL

Nombre: Claudio Ptolomeo.

Fecha de nacimiento: 100 dC.

Dirección: Ciudad de Canope, cerca de Babilonia (Egipto).

Nacionalidad: Egipcia (de origen griego).

Ocupación: Astrónomo, geógrafo y matemático.

Intereses: Todo lo que tenía (o podía tener) algo que ver con las matemáticas.

Aportaciones: La teoría geocéntrica y el teorema matemático que lleva su nombre, entre otras.

Cosas que dijo: «Un buen principio para explicar los fenómenos es emplear la hipótesis más simple posible».

Su legado: Sus recopilaciones sobre distintos saberes: *Almagesto*, *Geografía*, *Óptica*, *Harmónicos*.

LA TEORÍA GEOCÉNTRICA

Su explicación de que la Tierra era el centro del Universo fue considerada cierta durante nada menos que 1400 años, y tuvo una enorme influencia en los astrónomos, matemáticos y demás científicos hasta el siglo XVI, cuando el astrónomo polaco Nicolás Copérnico revolucionó el mundo del saber al defender justo lo contrario de lo que afirmaba la teoría geocéntrica de Ptolomeo, esto es, que era el Sol el que estaba en el centro del Universo y alrededor de él giraban todos los planetas, incluida la Tierra.

Edward Jenner

El «poeta» que inventó la vacuna de la viruela

Soy Edward Jenner y seguro que la próxima vez que te pongas una vacuna te acordarás de mí. Nací en Berkeley, un pequeño pueblo inglés. Fui el octavo de nueve hermanos, así que tuve una infancia muy divertida. Aunque era buen estudiante, lo que más me gustaba era estar en contacto con la naturaleza y observar atentamente cómo se comportaban los animales.

No paré hasta conseguir que el médico de mi pueblo me dejara pasar tiempo en su consulta, y allí me escapaba a la menor oportunidad, ya que cada vez tenía más claro que quería ser médico. Con esta idea, me marché a Londres a los 21 años. Sin embargo, en vez de estudiar la carrera de Medicina, preferí seguir mi propio «método de aprendizaje», esto es, observar lo que hacían los expertos. Fue así como entré en contacto con el Dr. John Hunter, uno de los más prestigiosos en ese momento. ¡Qué cantidad de cosas aprendí de mi maestro!

Tras pasar tres años en Londres, volví a Berkeley para ejercer la medicina rural. Fue entonces cuando la enfermedad que estaba asolando Europa, la viruela, empezó a cobrarse la vida de algunos de mis vecinos. «Hay que hacer algo para frenar esta epidemia», me dije. Durante muchas semanas no hice otra cosa que repasar los apuntes de mis años en Londres y leer todo lo publicado sobre esa enfermedad, pero no encontré ninguna solución.

No fue en los libros sino en un paseo por el campo cuando, tras charlar con una granjera, me di cuenta de cuál era el remedio contra la viruela (mira el apartado «De las vacas, la vacuna»). Aunque mis métodos eran un poco peculiares (de hecho, mis colegas no los aprobaban), conseguí demostrar en la práctica lo que había descubierto: que introduciendo en el cuerpo una pequeña porción de la sustancia que producía la enfermedad se evitaba que la persona se contagiara.

Pronto, la eficacia de esta vacuna se empezó a extender por toda Europa y cada vez más médicos utilizaban mi método. Las críticas que tuve al principio se convirtieron en honores y reconocimientos, pero yo decidí volver a mi pueblo para seguir hasta el final de mis días al frente de mi consulta y, sobre todo, dedicar más tiempo a la que, junto con la observación de la naturaleza, era mi auténtica pasión: escribir poemas.

¿Sabías que...

Hasta el siglo XVIII, la viruela era una de las enfermedades más mortales que había en el mundo y, además, las personas que sobrevivían quedaban marcadas para el resto de su vida por las cicatrices que dejaban en el cuerpo las pústulas que producía esta infección. El invento de Jenner hizo posible que cada vez murieran menos personas a causa de la viruela hasta que finalmente, en 1979, la OMS la declaró como una enfermedad erradicada.

DE LAS VACAS, LA VACUNA

Durante el encuentro de Jenner con la granjera se fijó en unas pupas que tenía en las manos y le preguntó por ellas. «¡Ah!, esto es que tuve la viruela bovina, pero no me preocupa porque todos los que nos hemos contagiado nos libramos de tener la enfermedad en humanos, que es la que es grave». ¡Las *cow-pox*, es decir, las pústulas de la viruela bovina, eran la pista! Jenner decidió entonces ver qué pasaba si se introducía un poco de sustancia de estas pústulas en un paciente y, después, hacía lo mismo con partículas de viruela humana. ¿El resultado? La persona «vacunada» —aún no existían las jeringuillas, así que se hacía mediante pequeñas raspaduras en la piel del brazo— no desarrollaba la enfermedad.

De esta forma, no solo encontró la solución a la viruela —llamada «vacuna», del latín *vaccinus*, «vacuno, de la vaca»—, sino también sentó las bases de la inmunización: introducir en el cuerpo los microorganismos que producen las enfermedades para que este active sus defensas frente a ese «intruso» y cree anticuerpos, de forma que esté protegido contra la enfermedad.

FICHA PERSONAL

Nombre: Edward Jenner.

Fecha de nacimiento: 1749.

Dirección: Consultorio del médico rural de Berkeley, al sur de Inglaterra.

Nacionalidad: Británica.

Ocupación: Médico y biólogo (aunque no estudió ninguna de las dos carreras).

Intereses: La observación de la naturaleza y el comportamiento de los animales, además de escribir poesía.

Aportaciones Además de sus artículos científicos sobre la viruela y otras enfermedades, como las del corazón, Jenner escribió un minucioso tratado sobre las características de un tipo de pájaro: el cuco.

Cosas que dijo: «Espero que algún día la práctica de 'contagiar' la viruela mediante la vacuna a los seres humanos se extienda por el mundo. Cuando llegue ese día, ya no habrá más viruela».

Su legado: La solución a la viruela y el descubrimiento de las claves de la inmunidad en la que se basan las vacunas (se le considera el «padre de la inmunología»).

EL «OJO CLÍNICO» DE NAPOLEÓN

Cuando Jenner presentó a la Royal Society inglesa el artículo en el que recogía sus hallazgos sobre la viruela se encontró con el rechazo y las críticas de sus colegas. Sin embargo, la eficacia del nuevo remedio se extendió como la pólvora y llegó a oídos de Napoleón Bonaparte, quien se interesó por el trabajo del inglés y ordenó vacunar a todas sus tropas antes de partir a una de sus campañas. A partir de ahí, la popularidad de la vacuna y de su creador fue en aumento hasta el punto de que el rey Jorge IV de Inglaterra pidió a Jenner que fuera su médico personal.

Louis Braille

El invidente que cambió

la vida de millones de personas

invidentes como él

Coupvray

FRANCIA

Mi nombre es Louis y mi apellido, Braille, que seguramente te sonará más. Sí, en efecto, así se llama el método que inventé para que las personas que han perdido la vista puedan leer y escribir. Pero vamos al principio de mi historia: nací en la localidad de Coupvray, cerca de París, la capital de Francia. Mi padre era artesano –fabricaba arneses– y desde pequeño yo pasaba mucho tiempo jugando en su taller, que estaba al lado de casa.

Un día, a los 3 años, agarré un punzón del taller de mi padre y salí corriendo con él en la mano, con la mala suerte de que tropecé, me caí, me herí en el ojo y perdí la visión. Por desgracia, la herida se infectó, extendiéndose al otro ojo, y me quedé completamente ciego.

A pesar de mi problema, mis padres hicieron todo lo posible por que mi vida fuera lo más normal posible, así que a los 7 años me matricularon en la escuela del pueblo. La verdad es que no fue fácil seguir el ritmo a mis compañeros –en aquel momento no había programas especiales para niños ciegos–, pero yo intentaba aprenderme de memoria todo lo que oía. Mi profesor, consciente de mi esfuerzo, hizo todo lo posible por conseguirme una beca en el Instituto Nacional de Jóvenes Ciegos, creado por Valentín Hauy, quien había desarrollado un sistema de letras en relieve para que los invidentes pudieran leer.

Enseguida me di cuenta que se podía mejorar, aunque no sabía cómo hacerlo. La solución vino con la visita del capitán Charles Barbier al Instituto para presentar un novedoso sistema de puntos y trazos en relieve que había creado para que los hombres del ejército pudieran descifrar las órdenes por la noche, sin necesidad de encender las linternas. Entre todos los alumnos del centro, yo fui el elegido para probarlo… pero la verdad es que tampoco me acabó de convencer.

Estuve cinco años trabajando por mi cuenta para perfeccionar el invento del capitán Barbier, hasta que finalmente creé la versión definitiva de mi método, que presenté oficialmente en 1837. Mis compañeros y alumnos (fui profesor del Instituto) estaban entusiasmados con el método, pero no fue fácil conseguir que se adoptara en todos los colegios del país. Por suerte, poco antes de morir, con solo 43 años, tuve la satisfacción de saber que cada vez más invidentes ya utilizaban lo que se empezaba a conocer como el «método Braille».

¿Sabías que...

Braille adaptó su sistema a las matemáticas, a las ciencias y también a las notas musicales, creando la «musicografía braille», que resultó muy útil pues, hasta entonces, los intérpretes tenían que aprenderse las partituras de memoria y «de oído», ya que no podían leerlas.

SEIS PUNTOS CON INFINITAS POSIBILIDADES

El método de Hauy, que fue el que aprendió Braille, consistía en recorrer cada una de las letras con los dedos, lentamente, por lo que se tardaba muchísimo en leer cada frase. El de Charles Barbier –llamado «escritura nocturna»– era más sencillo y se basaba en puntos en relieve que se hacían presionando un papel por el anverso, con la ayuda de un punzón (irónicamente, el mismo instrumento que había dejado ciego al pequeño Louis).

El sistema de lectoescritura Braille es mucho más completo y permite leer y escribir a gran velocidad. Parte de seis puntos distribuidos en dos filas verticales, cada una de tres puntos en relieve (igual que el «6» de los dados), que permiten obtener 64 combinaciones diferentes, las cuales pueden leerse deslizando la yema de los dedos índice. Además del alfabeto, incorpora los números y los signos de puntuación.

FICHA PERSONAL

Nombre: Louis Braille.

Fecha de nacimiento: 4 de enero de 1809 en Coupvray (Francia).

Dirección: Instituto Nacional de Jóvenes Ciegos, en París (allí pasó la mayor parte de su vida, hasta su muerte, en 1852).

Nacionalidad: Francesa.

Ocupación: Profesor de Geografía, Álgebra y Música.

Intereses: Además de su afán de inventor, la otra pasión de Braille era la música. Creó una «musicografía» y fue organista en la iglesia de Saint Nicolas des Champs, de París.

Aportaciones: El sistema de lectoescritura y sus versiones numérica, musical, de abreviaturas, etc. Desde 1895, la palabra «braille» figura en los diccionarios como un sustantivo más.

Cosas que dijo: «El braille es conocimiento, y el conocimiento es poder».

Su legado: Su método fue adoptado en todo el mundo. Actualmente se sigue utilizando por millones de personas, adaptado a máquinas perfeccionadas en el caso de la escritura, pero sobre la base de la «plantilla» creada por Braille.

MANOS A BUEN RECAUDO

En 1952, coincidiendo con el centenario de su muerte, el cuerpo de Braille fue trasladado al Panteón de Hombres Ilustres de París… menos sus manos, que se conservan en una urna en el cementerio de su pueblo natal, Coupvray, donde también se puede visitar su casa, convertida actualmente en un museo.

Johann Gregor Mendel

Hola, soy Johann Mendel, pero también podéis llamarme padre Gregor, que es el nombre que adopté a los 21 años, cuando me hice fraile e ingresé en un monasterio. Nací en la ciudad checa de Hyncice. Mis padres eran campesinos y entre todos cuidábamos la pequeña granja que teníamos en el campo. Allí aprendí a observar con todo detalle los ciclos de la naturaleza, un aprendizaje muy útil años después.

Siempre fui un niño enfermizo, pero intentaba no faltar al colegio, porque mis padres, que sabían de mis ganas de aprender, hicieron un enorme sacrificio para que recibiera una buena educación. Por eso aprovechaba al máximo las clases y mis profesores estaban encantados conmigo.

Cuando acabé el colegio, decidí irme al monasterio de la abadía de Santo Tomás de Brno, que en ese momento era un importante centro de enseñanzas científicas. Como era tan buen estudiante, conseguí una beca para ir a la Universidad de Viena y cursar las carreras de Matemáticas y Ciencias Generales. No tenía mucho tiempo libre, pero el poco del que disponía lo dedicaba a leer montones de libros de naturaleza en la biblioteca de la Universidad.

Cuando volví al monasterio, fui ordenado sacerdote y se me encargó el cuidado del jardín y del huerto del convento. Fue allí cuando puse en marcha la idea que me rondaba por la mente hacía tiempo: ver qué pasaba si mezclaba semillas de guisantes de distintos tipos.

Tras casi 20 años de cultivos, observación e investigación, llegué a la conclusión de que las características de las plantas se transmitían siguiendo siempre un patrón, dando lugar a una nueva planta que tenía los rasgos de las dos de las que procedía o, lo que es lo mismo, la ley de la herencia. La verdad es que los expertos de la época no me hicieron mucho caso cuando les conté mis hallazgos, así que me volví a la abadía y seguí investigando por mi cuenta hasta el final de mis días, sin saber que había abierto la puerta a una nueva ciencia importantísima: la genética.

¿Sabías que...

Mendel eligió los guisantes porque es una planta que crece muy rápidamente después de sembrarse y además produce miles de semillas, lo que le permitió ver los resultados de sus «mezclas» en poco tiempo.

LEYES DE MENDEL: HERENCIA, GENES Y PARECIDOS RAZONABLES

Mendel mezcló semillas de guisantes grandes con otras de guisantes enanos; guisantes verdes y guisantes amarillos... hizo cientos de combinaciones, realizó miles de apuntes y así comprobó que las características de las plantas se transmitían mediante partículas diferenciadas (color, forma, tamaño...) y también que algunas partículas (las dominantes) se «imponían» sobre las otras (recesivas), de forma que sus rasgos eran más evidentes. ¡Estudió cerca de 30 000 plantas de guisantes!

FICHA PERSONAL

Nombre: Johann Gregor Mendel.

Fecha de nacimiento: 1822, en Hyncice (República Checa).

Dirección: Monasterio de la abadía de Santo Tomás de Brno (República Checa).

Nacionalidad: Austriaca-checa.

Ocupación: Biólogo.

Intereses: Las ciencias naturales y el cultivo de especies hortícolas.

Aportaciones: Hasta la publicación de sus hallazgos se pensaba que los rasgos (vegetales, animales o humanos) que se heredaban de una generación a otra eran resultado de una combinación de características «donadas» por la generación anterior. Mendel demostró que esta transmisión se rige por un esquema y unas reglas determinadas.

Cosas que dijo: «Solo si dos organismos o especies de la misma raza se unen, la descendencia será de raza pura, y las diferencias entre padres e hijos serán más leves».

Su legado: Las leyes de Mendel, que explican la transmisión de los caracteres hereditarios.

DE LA INDIFERENCIA AL RECONOCIMIENTO PÓSTUMO

Cuando en 1866 Mendel publicó sus resultados y los presentó en la Sociedad para el Estudio de las Ciencias Naturales de Brno, lo único que consiguió fue la indiferencia de muchos de sus colegas y el desprecio de otros. Tuvieron que pasar más de 30 años para que gracias a la labor de otros botánicos, Mendel fuera reconocido como lo que es: el padre de la genética.

Letitia Mumford Geer
La enfermera-inventora

Me llamo Letitia Mumford Geer. Seguramente mi nombre no te sonará demasiado, pero después de que conozcas mi historia, te aseguro que te acordarás de mí cada vez que veas una jeringuilla.

Nací en Nueva York, ciudad en la que pasé la mayor parte de mi vida. Éramos cuatro hermanos y tuve una infancia muy feliz. Recuerdo que desde muy pequeña admiraba la labor de los médicos, de las enfermeras y de las personas que se dedicaban al cuidado de la salud, así que en cuanto terminé mis estudios ingresé en la Escuela de Enfermería.

Siempre fui muy observadora y me encantaba analizar cómo funcionaban las cosas. Fue ese interés lo que me llevó a crear el invento por el que alcancé fama mundial: la jeringuilla que se usa con una sola mano, la que se utiliza en la actualidad.

Para conocer la importancia de mi invento, es importante saber cómo eran las jeringuillas hasta entonces. La primera jeringuilla fue la que utilizó un cirujano egipcio en el siglo IX, y que estaba compuesta por un tubo de vidrio hueco con el que se realizaba la técnica de succión.

Más tarde, en 1647, el físico francés Blaise Pascal creó un modelo más parecido al actual, pero no con fines médicos, sino para demostrar su teoría del vacío y el peso del aire. Años después, en 1844, el médico irlandés Francis Rynd fue el primero en incorporar la aguja a la jeringuilla para practicar inyecciones, un sistema perfeccionado poco después por Charles Pravaz y Alexander Wood.

El método era estupendo, pero tenía algún problemilla: para utilizarlo había que usar las dos manos y contar con la ayuda de un asistente, de forma que se tardaba mucho tiempo en cada paciente. Así que dediqué muchas horas al que fue mi proyecto más importante: diseñar una jeringuilla para usar con una sola mano.

No fue fácil conseguir la aprobación —tuve que presentar ante el comité de patentes un amplio repertorio de dibujos explicando en qué consistía mi invento—, y ya en 1899, logré patentarlo, cambiando así la forma en la que los médicos ponen las inyecciones y extraen sangre para hacer un análisis, por ejemplo.

¿Sabías que...

La palabra «jeringa» o «jeringuilla» procede del latín «siringa», un vocablo a su vez derivado del griego «syrinx», que significa «caña» o «tubo», que es básicamente en lo que consiste el «mecanismo» de las jeringuillas: un tubo alargado en el que se inserta un émbolo que al moverse permite vaciar o llenar el tubo.

LA PATENTE US622848A

Ese es el número del invento de Geer en el registro oficial de patentes y en el que se reflejan las explicaciones tal cual ella las redactó y en la que destaca que «permite al médico o a la enfermera aplicar rápidamente la inyección sin la ayuda de un asistente». Además del gran avance que este invento supuso para la medicina, Geer también consiguió entrar en un terreno, el del registro de inventos, que era muy difícil para las mujeres (muchas inventoras registraban sus patentes con el nombre de su marido), como demuestra que en ese momento, solo el 1% de las patentes concedidas en EE.UU. correspondían a trabajos femeninos.

PATENTED

PATENTED

PATENTED

US622848A

FICHA PERSONAL

Nombre: Letitia Mumford Geer.

Fecha de nacimiento: 1852, Nueva York (EEUU).

Dirección: En el número 303 de la calle 114 este, en Nueva York (EEUU).

Nacionalidad: Estadounidense.

Ocupación: Enfermera.

Aportaciones: Inventó la «jeringuilla de mano», más barata, más sencilla de utilizar y que, además, fue la primera que contenía partes de vidrio.

Cosas que dijo: «Esta jeringuilla está formada por un cilindro, un pistón y una varilla de operación que se dobla sobre sí misma para formar un brazo liso y rígido que termina en un mango, que en sus posiciones extremas se ubica al alcance de los dedos de la mano que sostiene el cilindro, permitiendo así que una mano sostenga y opere la jeringa».

Su legado: Un invento que hizo posible vacunar a las personas y extraer sangre u otras sustancias del organismo en la mitad de tiempo. También fue una pionera en el ámbito del reconocimiento del talento femenino.

LA TATARABUELA DE LA JERINGA DESECHABLE

Hoy en día, las jeringuillas son de un solo uso, esto es, desechables, un modelo creado en 1956 por el farmacéutico neozelandés Colin Murdoch y cuya versión más moderna fue desarrollada en 1974 por el inventor afroamericano Phil Brooks. La jeringuilla tiene otras aplicaciones fuera de la Medicina, por ejemplo, en la preparación de alimentos (inyectar ingredientes); en las impresoras (rellenar cartuchos), en la industria (aplicar determinados materiales) o veterinaria (alimentar cachorritos, por ejemplo).

Santiago Ramón y Cajal

El dibujante que se «encontró» con las neuronas

Si te fías de las fotos que seguramente has visto de mí (suelo aparecer en los libros de texto) pensarás que yo era una persona seria, poco habladora y concentrada en su actividad científica. Pues nada de eso. Aunque con el tiempo me fui «tranquilizando», de pequeño fui un continuo quebradero de cabeza para mis padres y una pesadilla para mis profesores. ¡Estaba todo el rato castigado!

Era un niño muy inquieto, curioso y demasiado travieso. Nací en un pueblo español llamado Petilla de Aragón. Mi madre era tejedora y mi padre médico cirujano. No me gustaba nada estudiar, así que probé a ser aprendiz de barbero, pero gracias a la insistencia de mis padres, seguí asistiendo a clase.

«Quiero ser dibujante», les dije cuando acabé el colegio. Y es que lo que más me gustaba en el mundo era observar las cosas que veía a mi alrededor y plasmarlas en mis cuadernos de dibujo. De hecho, es una afición que no abandoné nunca. Pero mi padre lo tenía muy claro: yo iba a ser médico como él.

Hice la carrera en la Universidad de Zaragoza y al acabar, me apunté a una expedición a Cuba, en calidad de médico del ejército, pero la aventura duró poco porque enfermé de tuberculosis y malaria, dos enfermedades muy graves de las que, por suerte, me recuperé.

A la vuelta, invertí el dinero que había ganado con mi primer trabajo «oficial» en un microscopio… y ahí cambió todo. Centré todos mis esfuerzos en estudiar cómo funcionan los nervios y fue así como descubrí que el «secreto» estaba en unas células muy pequeñas, las neuronas.

Mis investigaciones sirvieron para conocer las características y funcionamiento del sistema nervioso. Mi trabajo fue reconocido con muchos premios, el más importante, el Nobel de Medicina, en 1906. Seguí trabajando hasta el final de mi vida (fallecí a los 82 años), combinando la investigación con mis otras pasiones: la fotografía (inventé mi propia cámara de fotos), la escritura y, sobre todo, dibujar.

¿Sabías que...

A Ramón y Cajal la fama le importaba más bien poco. De hecho, cuando en octubre de 1906 recibió un telegrama de la Academia Sueca en el que se le informaba que le habían concedido el Premio Nobel de Medicina, se echó a reír pensando que era una broma de sus alumnos. Al día siguiente, cuando vio la noticia publicada, se dio cuenta que era cierto.

LAS «MARIPOSAS DEL ALMA»

Antes de las investigaciones de Ramón y Cajal se pensaba que los nervios eran una especie de cable continuo formado por una red de células nerviosas unidas entre sí que funcionaban «en masa». Sin embargo, demostró que cada una de esas células, llamadas neuronas, son independientes y se conectan entre sí a través de pequeñas ramificaciones. Esta conexión es la que hace posible que el cerebro emita una orden y ese mensaje pueda transmitirse de una neurona a otra. El médico también se dio cuenta de que no todas las neuronas son iguales, y descubrió unas con forma de pirámide a las que llamó «mariposas del alma».

FICHA PERSONAL

Nombre: Santiago Ramón y Cajal.

Fecha de nacimiento: 1 de mayo de 1852

Dirección: Cátedras de Anatomía de las Universidades de Valencia, Barcelona y Madrid.

Nacionalidad: Española.

Ocupación: Médico, científico, investigador, dibujante, fotógrafo...

Intereses: El funcionamiento del sistema nervioso central; la observación de la naturaleza; la literatura y la escritura.

Cosas que dijo: «Las ideas, cuando se tienen, no duran mucho, así que hay que hacer algo con ellas»; «El secreto para llegar es muy sencillo; se reduce a dos palabras: trabajo y perseverancia»; «Esculpe tu cerebro, el único tesoro que posees»; «Observar sin pensar es tan peligroso como pensar sin observar».

Su legado: La teoría de las neuronas, fundamental para el conocimiento del sistema nervioso; los numerosos libros y artículos que publicó a lo largo de vida; y sus dibujos y láminas sobre estructura y conexiones entre neuronas, que se han utilizado en la formación de muchas generaciones de médicos de todo el mundo.

«MEJOR OBSERVAR QUE MEMORIZAR»

Como catedrático, Cajal dio clase a muchos estudiantes de Medicina y sentía predilección por aquellos que eran inquietos, curiosos e indisciplinados y que, al igual que él, tenían otros intereses además de la ciencia. No le gustaba que los alumnos memorizaran los contenidos de las asignaturas ya que, según él, repetir «como loros» lo que ponía en los libros acababa con la creatividad y hacía difícil relacionar ideas y conceptos, «que es la base de un pensamiento independiente y crítico», decía.

Sigmund Freud
El experto en la mente

Segismundo Salomón: ese era mi verdadero nombre, pero en cuanto pude me lo cambié por Sigmund. Era el mayor de los 6 hermanos Freud (ese es mi apellido). Nací en la República Checa, pero cuando tenía 4 años nos mudamos a Viena (Austria), ciudad en la que pasé buena parte de mi vida.

REPÚBLICA CHECA

Me encantaba estudiar. Una de las cosas que mejor se me daba era los idiomas: ¡aprendí 7 de ellos por mi cuenta! ¿Sabes que decidí estudiar español para leer *El Quijote* en su lengua original?

A los 17 años me matriculé en la Universidad, gracias al gran esfuerzo que hicieron mis padres, pues en casa el dinero siempre escaseaba. Mi idea inicial era ser abogado, pero en el último momento me decidí a estudiar Medicina.

Durante la carrera tuve claro que lo que más me interesaba era encontrar la explicación científica al comportamiento de las personas, así que al graduarme me dediqué a la investigación en neurología (las enfermedades del sistema nervioso y el cerebro).

A pesar de los conocimientos que adquirí, aún no tenía todas las respuestas que buscaba, así que decidí crear mi propio método para solucionar los problemas mentales de las personas sin necesidad de darles medicamentos: el psicoanálisis.

Mis teorías escandalizaron a muchos de mis colegas: «Eso no es ciencia», decían, pero seguí perfeccionando mi método y aplicándolo a más pacientes. Poco a poco, otros especialistas se interesaron por mis ideas, y nos empezamos a reunir en mi casa para compartir experiencias. Así nació la Sociedad Psicológica de los Miércoles, de la que llegaron a formar parte los profesionales más importantes de la época.

Finalmente, mi método fue aceptado y reconocido a nivel mundial. Desde entonces se sigue aplicando en las consultas de psicología y es utilizado por muchos expertos en el estudio de la mente.

¿Sabías que...

Freud tenía dos manías reconocidas: no soportaba los helechos (un tipo de planta) y sentía un temor inexplicable al número 62. También era conocido su amor por los animales: decía que «el tiempo que se pasa con los gatos nunca es malgastado» y tenía como mascota un perro de raza chow chow llamado Topsy, que siempre estaba a su lado en la consulta mientras atendía a sus pacientes y al que Sigmund consideraba «su mejor ayudante».

EL PSICOANÁLISIS, UN VIAJE A TRAVÉS DE LA MENTE

El método creado por Freud es el resultado de sus intensas investigaciones en campos como la neurología, la antropología, la sociología, la historia, el arte y, sobre todo, la psicología. La idea en la que se basa el psicoanálisis es que la causa de muchas emociones, trastornos mentales y problemas de conducta se pueden solucionar «buceando» en el interior de la mente hasta llegar a una zona oculta de la personalidad, el subconsciente. Cuando las personas hablan de ello es posible encontrar una solución. Para lograrlo, Freud utilizó la hipnosis, la «asociación libre» (el paciente habla de lo que le viene a la mente de forma espontánea) y la interpretación de los sueños (según Freud, lo que soñamos puede dar pistas sobre la salud de la mente).

FICHA PERSONAL

Nombre: Sigmund Freud.

Fecha de nacimiento: 6 de mayo de 1865.

Nacionalidad: Austriaca.

Ocupación: Médico especializado en neurología clínica.

Intereses: Todo lo relacionado con la actividad mental: pensamiento, memoria, emoción, motivación, sueños...

Rasgos de personalidad: Sus rutinas eran muy estrictas: comía todos los días a las 13.00 horas; después, daba un paseo de 3 km de recorrido siempre por las mismas calles, y aprovechaba para recoger setas, algo que junto a coleccionar estatuillas antiguas y jugar a las cartas, era lo me más le gustaba hacer cuando no trabajaba.

Cosas que dijo: «He sido un hombre afortunado en la vida: nada me resultó fácil»; «La ciencia moderna aún no ha producido un medicamento tranquilizador tan eficaz como lo son unas pocas palabras bondadosas»; «Quien piensa en fracasar, ya fracasó antes de intentarlo; quien piensa en ganar, ya ha dado un paso adelante».

Su legado: El método del psicoanálisis, que revolucionó la psicología y el pensamiento de la época, y los numerosos libros que escribió, entre ellos, *Introducción al psicoanálisis*, *La interpretación de los sueños*, *El yo y el ello*...

UN FRACASO EDITORIAL, UN NOBEL FALLIDO Y SU HIJA ANNA FREUD

Aunque Freud recibió en vida (murió a los 83 años) el merecido reconocimiento por ser el creador del psicoanálisis, tuvo que enfrentarse a algunos fracasos, como el poco éxito que tuvo la publicación de su libro *La interpretación de los sueños* (convertido después en obra de referencia para los psicólogos). Asimismo, y a pesar de que sus colegas presentaron su candidatura al Nobel de Medicina hasta en 12 ocasiones, nunca se le concedió este premio. Pero seguramente, para Sigmund una de las mayores satisfacciones fue transmitir su legado a una de sus hijas, Anna, que llegó a ser una reputada psicoanalista especializada en la infancia y la adolescencia.

Emmeline Pankhurst

Defensora de los derechos de las mujeres

Me llamo Emmeline Pankhurst y nací en la ciudad inglesa de Manchester. Tanto mi padre, que era el propietario de un teatro de la ciudad, como mi madre fueron unos firmes defensores de los derechos y libertades en una época en la que había muchos grupos de población –entre ellos, las mujeres– a los que les estaba prohibido hacer muchas cosas.

Crecí viendo cómo mis padres participaban y defendían movimientos sociales tan importantes como la abolición de la esclavitud en EE.UU. Por eso fui activista desde muy pequeña y siempre tuve muy claro que había que hacer algo para que todas las personas fueran iguales ante la ley.

HECHOS Y NO PALABRAS

DERECHO AL VOTO PARA LAS MUJERES

¡IGUALDAD! ¡IGUALDAD! ¡IGUALDAD!

BASTA YA!

Cuando conocí a mi marido, el abogado Richard Pankhurst, supe que íbamos a formar un buen equipo, ya que Richard era un político muy implicado en conseguir dos derechos que no existían en la Inglaterra victoriana en la que nos tocó vivir: el de la educación igualitaria y que las mujeres pudieran votar.

En ese momento ya había varios movimientos que defendían el voto femenino, pero en mi opinión, ni estaban bien organizados ni hacían lo necesario para conseguir que sus propuestas se convirtieran en leyes, así que puse en marcha una nueva modalidad: actuar en el «teatro público de protesta».

Se trataba, básicamente, de llamar la atención para que los políticos y las autoridades nos hicieran caso. Sí, es verdad: las «sufragistas», que es como nos empezaron a llamar a las mujeres que formamos este grupo, éramos bastante «escandalosas»: rotura de cristales y escaparates, quema de buzones, pintadas, entre otros…

Todo el mundo hablaba de nosotras y muchos no salían de su asombro por la forma de protesta, sobre todo teniendo en cuenta que la mayoría de nosotras éramos mujeres trabajadoras y madres de familia (yo tuve cinco hijos), así que no nos ajustábamos para nada a la idea de «delincuentes» al uso.

Todas pasamos por prisión (yo estuve en la cárcel tres veces), pero nuestro empeño y nuestro esfuerzo dio resultado y así, el 3 de julio de 1928, la Cámara de los Comunes reconocía la igualdad de hombres y mujeres a ejercer el derecho a voto. Yo fallecí 19 días antes de esta noticia, pero tengo la satisfacción de que nuestra lucha supuso un enorme paso adelante para conseguir la igualdad de derechos para las mujeres de todo el mundo.

¿Sabías que...

☑ Aunque el movimiento de Pankhurst estaba en todo lo alto en ese momento, en 1914, al estallar la I Guerra Mundial, las sufragistas no solo cesaron sus acciones sino que ofrecieron su colaboración al gobierno británico, realizando una importante labor para defender los intereses de su país durante el conflicto.

«HECHOS, NO PALABRAS»

Emmeline fundó en 1903 la Unión Social y Política de las Mujeres (WSPU por sus siglas en inglés), cuyo lema era «Hechos, no palabras», una idea que plasmaron en sus acciones violentas y que defendían como un «plan B» frente a la pasividad de los otros movimientos feministas. Pero las sufragistas de Pankhurst –entre ellas, dos de sus hijas– no se limitaron a la protesta, también mantuvieron intensas negociaciones con los políticos de la época, las cuales la mayoría de las veces se rompían y acababan con muchas de ellas en la cárcel, pero finalmente dieron sus frutos y sirvieron de ejemplo para otros movimientos sufragistas de todos los países.

FICHA PERSONAL

Nombre: Emmeline Goulden Pankhurst.

Fecha de nacimiento: 15 de julio de 1858.

Nacionalidad: Inglesa.

Ocupación: Activista y política.

Intereses: Defensora de los derechos sociales en general y de los de las mujeres en particular.

Rasgos de personalidad: Luchadora, enérgica, a veces radical y controvertida, la convicción con la que expuso sus ideas y su carisma la convirtió en una líder de masas muy influyente, amada y odiada a partes iguales.

Cosas que dijo: «No queremos quebrantar las leyes; queremos redactarlas y refrendarlas»; «Si las mujeres hubiéramos tenido derecho al voto, como los hombres, habríamos aprobado leyes igualitarias»; «El argumento del cristal roto es el más valioso en la política moderna».

Su legado: La aportación de Emmeline a la Historia queda reflejada en el obituario que *The New York Herald Tribune* publicó a su muerte: «La más notable agitadora política y social de la primera parte del siglo XX y la suprema protagonista de la campaña de emancipación electoral de las mujeres».

SUS OTRAS LUCHAS

Al inicio de su activismo, Emmeline fue responsable de la distribución de la comida a través del Comité de Ayuda a los Desempleados y fue así como comprendió las condiciones en las que vivían estas personas. Empezó entonces a trabajar en conseguir reformar la ley de protección a los trabajadores. También enfocó su lucha en conseguir los mismos derechos legales que los hombres en cuestiones como la custodia de los hijos, las herencias o el divorcio.

Oskar Schindler

El salvador de 1200 judíos perseguidos

Sí, soy de esos personajes a los que el cine ha hecho muy famoso, pero os aseguro que la historia que se cuenta en la película «La lista de Schindler» refleja muy bien cómo fue mi vida «real».

Nací en Moravia, en la actual República Checa, y desde pequeño aprendí a sacar partido a mi don de gentes y a mis dotes de negociador (era el típico «chico listo»). Al acabar el colegio me gradué en un instituto técnico y a los 16 años empecé mis estudios de Ingeniería. Poco después me puse a trabajar, y lo hice en muchas actividades: mecánico, vendedor de maquinaria agrícola, director de autoescuela e incluso granjero, que fue uno de los oficios que más me gustaban y gracias al cual conocí a mi esposa, Emilie, que era hija de ganaderos.

Nos casamos y nos establecimos en los Sudetes, zona partidaria del plan alemán para invadir Europa. Me afilié al partido nazi checo y entré en el servicio de inteligencia alemán, la Abwehr, donde ejercí de espía durante dos años. Me descubrieron, me encarcelaron y me condenaron a muerte, pero me salvé.

Al estallar la II Guerra Mundial me instalé en Cracovia, donde puse en marcha un negocio «oficial», la fábrica de esmaltes «Emalia», y otro «extraoficial», en el mercado negro. La fábrica pertenecía a empresarios judíos que se habían arruinado, así que la compré y mantuve a toda la plantilla de trabajadores judíos.

Cuando los nazis invadieron Polonia y empezaron a enviar a los judíos a los campos de concentración, decidí salvar al mayor número posible de ellos, empezando por mis trabajadores, a los que hice dormir en la fábrica para evitar que los detuvieran durante la noche. Cada vez que los nazis sospechaban y visitaban mi fábrica, yo recurría a mi otro «trabajo» –el mercado negro– donde conseguía objetos de lujo y bebidas para sobornarlos.

Gracias a mis contactos y a mi capacidad para engañar a los alemanes logré que más de 1 200 judíos se salvaran de morir en los campos de concentración. Tras la guerra me fui a Argentina, donde puse en marcha una granja y otros negocios que fracasaron, por lo que me arruiné y decidí instalarme en Alemania, donde pasé los últimos años de mi vida hasta que fallecí, en 1974.

¿Sabías que...

Schindler no quería ser considerado un héroe: «Yo odiaba la brutalidad, el sadismo y la locura del nazismo. Simplemente, no podía quedarme y ver a la gente destruida. Hice lo que pude, lo que tenía que hacer, lo que mi conciencia me dijo que debía hacer. Eso es todo lo que tengo que decir al respecto».

LA LISTA DE SCHINDLER

Para salvar a sus trabajadores, Schindler se jugó muchas veces la vida y adoptó decisiones muy arriesgadas. Cuando los nazis decidieron cerrar Emalia y llevar a los trabajadores a los campos de concentración, les convenció de aprovechar la mano de obra en la fabricación de armamento para el ejército en otra fábrica en Moravia. Elaboró una lista con los trabajadores que eran necesarios para la nueva fábrica y fue así como consiguió sacarlos de Polonia, librándoles de una muerte segura.

APROBADO

FICHA PERSONAL

Nombre: Oskar Schindler.

Fecha de nacimiento: 28 de abril de 1908.

Nacionalidad: Checa.

Ocupación: Empresario.

Intereses: Los negocios de todo tipo, la vida social y las relaciones públicas.

Rasgos de personalidad: Le gustaba vestir bien, cuidaba mucho su aspecto e iba siempre perfectamente peinado. Era simpático y divertido, y tenía una enorme facilidad para hacer amigos.

Cosas que dijo: «Quien salva una vida salva al mundo entero»; «Una vela no pierde su luz por compartirla con otra»; «La guerra saca a la luz lo peor de cada persona, nunca lo bueno, siempre lo peor».

Su legado: Durante la II Guerra Mundial el régimen nazi asesinó a cerca de 6 millones de judíos, un terrible destino del que Oskar Schindler libró a más de 1 200 personas.

OSKAR SCHINDLER

LOS «SCHINDLERJUDEN»

Aunque al acabar la guerra Schindler pasó al anonimato, los «Schindlerjuden», los judíos a los que salvó, no solo le ayudaron cuando se arruinó, sino que se empeñaron en dar a conocer su labor y que recibiera el reconocimiento que merecía. Así, en 1963 fue nombrado por las autoridades israelíes «Justo entre naciones». Además, tuvo el honor de ser enterrado en el cementerio católico del Monte Sion, en Israel, siendo el único miembro del partido nazi que ha sido aceptado allí. En su tumba, junto a su nombre, figura la siguiente frase: «El inolvidable salvador de 1 200 judíos perseguidos».

Alan Turing

El padre de la Inteligencia Artificial

REINO UNIDO

Londres

Mi nombre es Alan Turing y mi historia tiene bastante que ver con la tablet o el ordenador que utilizas todos los días. Nací en Paddington (un barrio de Londres, Reino Unido), pero en realidad tendría que haber venido al mundo en la India, ya que mi padre estaba destinado allí como funcionario británico.

Durante mi infancia no vi demasiado a mis padres, pues viajaban a la India constantemente, dejándonos a mis hermanos y a mí al cuidado de unos amigos. Me encantaba ir al colegio y donde mejor me lo pasaba era en las clases de ciencias y matemáticas. Como se me daban tan bien, mis compañeros me llamaban *Mr. Brain* («Señor Cerebro», en inglés).

Para mí era muy fácil interpretar todo en forma de números y, de hecho, uno de mis profesores dijo a mis padres que yo tenía una enorme imaginación, pero distinta a la del resto de los niños, ya que era «100 % científica». Fue así como a los 19 años me admitieron en la Escuela de Matemáticas del King's College de la Universidad de Cambridge, uno de los centros científicos más prestigiosos del mundo donde no era nada fácil entrar.

Allí empecé a trabajar en lo que para muchos es el «abuelo» de los actuales ordenadores: la Máquina de Turing. Mi idea era que fuera capaz de resolver problemas matemáticos y otros procesos. Estaba convencido de que los ordenadores podían llegar a pensar y que, además, eran muy listos. Por eso inventé el «Test de Turing», una prueba que mide la capacidad de una máquina para hacerse pasar por un ser humano.

En 1939, al estallar la II Guerra Mundial, decidí trabajar en una estación del ejército británico, y se me encargó dirigir una importante tarea *top secret*: descifrar los códigos con los que los alemanes transmitían las órdenes de ataque a los aliados. La misión fue un éxito y todos reconocieron el importante papel que desempeñé para desmantelar los planes de los enemigos.

Después, volví a mis máquinas-ordenadores, sin poder comprobar lo importantes que iban a ser para el desarrollo del mundo digital actual, ya que fallecí a los 41 años. Hay muchas teorías sobre mi muerte, pero sigue siendo un enigma…

«DESCIFRANDO ENIGMA»

Este es el título en español de la película *The Imitation Game* que cuenta cómo Alan Turing tradujo los mensajes que las tropas alemanas intercambiaban a través de códigos secretos. Para ello, utilizaban una máquina llamada *Enigma*, dotada de un complejo sistema que permitía aplicar una técnica de encriptación de mensajes. Para «desactivarla», creó otra máquina, a la que llamó *Bombe*, con la que pudo descifrar miles de mensajes por minuto. Gracias a esto, los aliados frustraron muchos de los planes del bando enemigo. Se calcula que sin la labor de Turing, la II Guerra Mundial se habría prolongado dos años, y con ella millones de muertos.

EL NOBEL DE LA INFORMÁTICA

A pesar de su brillante trabajo durante la II Guerra Mundial y de su aportación a la ciencia, Turing tuvo muchos problemas debido a cuestiones personales (era homosexual, algo que no estaba bien visto en esa época), que le llevaron a caer en una depresión. Tras su muerte, se realizaron diferentes iniciativas para reparar el trato injusto al que fue sometido. El reconocimiento más importante vino de la mano de sus colegas científicos, quienes en 1966, crearon el «Premio Alan Turing», que se otorga anualmente a los mejores trabajos en el ámbito de la computación y que es considerado el Nobel de la Informática.

FICHA PERSONAL

Nombre: Alan Mathison Turing.

Fecha de nacimiento: 23 de junio de 1912

Nacionalidad: Inglesa.

Ocupación: Matemático, criptógrafo y científico de la computación.

Intereses: Era un amante de la filosofía y de la biología: investigó los patrones que explican la forma en la que las rayas de las cebras se distribuyen por su pelaje.

Rasgos de personalidad: Le apasionaba su trabajo y dedicaba a él buena parte de su tiempo. Era un hombre bastante tímido, poco hablador y de aspecto un poco desaliñado.

Cosas que dijo: «Aquellos que pueden imaginar cualquier cosa, pueden crear lo imposible»; «Solo podemos ver un poco del futuro, pero lo suficiente para darnos cuenta de que hay mucho que hacer»; «Las máquinas me sorprenden con mucha frecuencia».

Su legado: Además de su papel en la misión secreta que descifró los códigos del ejército nazi, sentó las bases de la informática moderna y se le considera el creador de la Inteligencia Artificial.

¿Sabías que...

La teoría de Turing de que si una máquina demuestra un comportamiento «inteligente» se puede considerar que tiene inteligencia no era tan descabellada como puede parecer. Así quedó demostrado en 2014 cuando un bot (un tipo de programa informático) se sometió al Test de Turing y consiguió engañar a 30 de los 150 jueces que participaban en la prueba, a los que les hizo creer que estaban hablando... ¡con un niño de 13 años!

Gertrude B. Elion
La científica sin carrera

Me llamo Gertrude, pero podéis llamarme Trudy. Nací en Nueva York, donde se instalaron mis padres al emigrar desde Europa. Mi padre, que era lituano, se graduó como odontólogo en la Universidad de Nueva York, mientras que mi madre, que era polaca, cuidaba de mí y de mi hermano menor.

Tuve una infancia muy feliz, y entre mis mejores recuerdos están las continuas visitas que mi hermano y yo hacíamos al zoológico del Bronx, que era la zona de la ciudad en la que vivíamos. Fui una alumna muy aplicada: me encantaba aprender y me gustaban todas las asignaturas.

A los 15 años, la muerte de mi queridísimo abuelo a causa del cáncer hizo que tomara la firme decisión de dedicarme a la investigación para conseguir una cura para esa terrible enfermedad. Entré en el Hunter College, que era una universidad pública, y me gradué en Química con muy buenas notas. Pero para investigar necesitaba un posgrado, una titulación que mi familia no podía pagarme, así que empecé a dar clases en la Escuela de Enfermería del Hospital de Nueva York.

Un día vi un anuncio que ponía: «Se necesita un asistente de laboratorio». Acudí inmediatamente y me dieron el puesto. Al principio trabajé gratis, pero mi dedicación era tal que los responsables decidieron pagarme un buen sueldo; así pude ingresar en la Escuela de Posgrado de la Universidad de Nueva York, donde era la única mujer de la clase.

Mi siguiente reto fue obtener el doctorado, y para ello tenía que presentar un trabajo de investigación, así que durante un tiempo me dediqué a dar clases durante el día y a estudiar e investigar por la noche y los fines de semana. Entonces estalló la II Guerra Mundial y, ante la escasez de técnicos de laboratorio que había, se me brindó la oportunidad de investigar en varios laboratorios químicos.

Trabajé con algunos de los investigadores más importantes en distintos campos, lo que me permitió ampliar mis conocimientos sobre bioquímica, farmacología, inmunología y virología. Los hallazgos que estaba haciendo eran tan emocionantes que llegó un momento en que tuve que decidir entre el doctorado o dedicarme a tiempo completo a investigar.

Elegir el trabajo de laboratorio me dio muchas alegrías y me permitió acercarme a esa promesa que me hice al morir mi abuelo: encontrar fármacos efectivos para el cáncer y otras enfermedades. Fundé el Departamento de Terapia Experimental, donde estuve dando clases hasta mi muerte, en 1999.

CÉLULAS, NUEVOS FÁRMACOS Y UN NOBEL COMPARTIDO

En uno de los laboratorios en los que trabajó, Gertrude conoció al investigador George Hitchings. Ambos se especializaron en identificar las células cancerosas, y también estudiaron la relación de los virus y bacterias con muchas enfermedades. Elion y Hitchings aplicaron los resultados de sus investigaciones al desarrollo de nuevos medicamentos para enfermedades como la malaria, la gota, la leucemia, el herpes o el sida, y también a los fármacos que permiten realizar los trasplantes de órganos. En 1988 se les concedió a los dos el Premio Nobel de Fisiología y Medicina en reconocimiento a este importante trabajo.

FICHA PERSONAL

Nombre: Gertrude Belle Elion.

Fecha de nacimiento: 23 de enero de 1918.

Nacionalidad: Norteamericana.

Ocupación: Bioquímica y farmacóloga.

Intereses: Decía que para ella investigar era a la vez su trabajo y su diversión, pero los viajes y la ópera fueron otras de sus grandes pasiones, a las que dedicaba el poco tiempo libre que tenía.

Rasgos de personalidad: Tenaz, resuelta, entusiasta, con una curiosidad sin límites y una sonrisa contagiosa, Gertrude fue además una trabajadora incansable.

Cosas que dijo: «Nada en la vida llega fácilmente, por lo que no debemos tener miedo a trabajar duro»; «Cuando comenzábamos a ver los resultados de nuestros esfuerzos en forma de nuevos medicamentos, nuestro sentimiento de recompensa era inconmensurable».

Su legado: Las 45 patentes de nuevos medicamentos en las que figura su nombre.

UNA CARRERA DE OBSTÁCULOS

Gertrude B. Elion es un claro ejemplo de superación. Desde que decidió dedicarse a la ciencia, se fue encontrando obstáculos y dificultades a cada paso, bien por su condición de mujer, bien por cuestiones económicas. Sin embargo, nada pudo apagar su entusiasmo y durante toda su vida supo sacar provecho a las oportunidades que se le fueron presentando. Escribió una autobiografía en la que queda patente su pasión por el trabajo, la cual supo transmitir a las nuevas generaciones de científicos a través de su labor como mentora.

¿Sabías que...

Gertrude nunca consiguió doctorarse. Sin embargo, fue reconocida con los doctorados honoríficos que le concedieron tres universidades: la Universidad George Washington, la Universidad de Brown y la Universidad de Michigan.

Clair Cameron Patterson
Un defensor del aire

Soy Clair Cameron Patterson y mi nombre siempre sale a relucir cuando se habla de la relación entre la salud y el medio ambiente. Nací en una pequeña localidad del estado de Iowa (EE.UU.) llamada Mitchellville, y le debo mi enorme interés por la ciencia a mi padre, quien compartía conmigo el poco tiempo libre que le dejaba su trabajo en la oficina de correos para enseñarme los «misterios» de la naturaleza. Mi madre también tuvo mucho que ver en mi carrera, ya que en uno de mis cumpleaños me regaló un juego de química que fue «el principio de todo».

Me licencié como químico en el Grinnell College y me especialicé en una disciplina con un nombre que parece un trabalenguas: espectroscopia molecular (estudia el efecto de la luz en los objetos para conocer su composición, su antigüedad, etc.). En la universidad conocí a Laurie, con quien me casé poco después.

Cuando estaba haciendo el doctorado en Chicago, un grupo de investigadores me contactaron para llevar a cabo un proyecto muy interesante: calcular la edad exacta de la Tierra a partir de fragmentos de meteoritos caídos del espacio. Para ello, utilizamos un método bastante novedoso: detectar la presencia de uranio y plomo, y, a partir de ahí, realizar el cálculo. Mi colega, el científico George Tilton, se encargó del primero, y yo me dediqué a analizar el plomo.

Tras un intenso trabajo conseguimos poner una edad exacta a nuestro planeta: 4 500 millones de años.

Aunque era un secreto de «alto nivel», no resistí la tentación de contárselo a mi madre (quería que fuera una de las primeras personas en el mundo en conocer un hallazgo tan importante). Pero a pesar de mi alegría, había algo que me preocupaba: en mi investigación descubrí que los niveles de plomo que había en nuestro lugar de trabajo eran altísimos y, por tanto, perjudiciales para la salud. Así me embarqué en el otro gran proyecto de mi vida.

¡Qué difícil fue lograr mi objetivo esta vez!

Dediqué todos mis esfuerzos a advertir sobre los riesgos del exceso de plomo en la salud, pero me encontré con la oposición de la industria, autoridades y hasta de muchos colegas, los cuales pusieron en duda mi prestigio científico. Pero yo me mantuve firme en mi empeño y finalmente conseguí en 1970 que el gobierno norteamericano aprobara la Ley de Aire Limpio, que regulaba por primera vez la presencia de sustancias nocivas para la salud en el medio ambiente. Seguí trabajando en mi objetivo de reducir los niveles de plomo hasta mi muerte en 1995.

¿Sabías que...

Clair y su mujer participaron en el Proyecto Manhattan, relacionado con la fabricación de la bomba atómica y en el que se encargaron de hacer un trabajo sobre el uranio. No se podían imaginar el efecto tan nefasto que iba a tener el resultado de este proyecto poco tiempo después...

GASOLINA: SIN PLOMO, POR FAVOR

Clair se dio cuenta de que el plomo estaba en todos lados: en las tuberías (es un material muy barato), en las pinturas, en las latas de los alimentos y, sobre todo, en la gasolina. La industria automovilística se convirtió en su peor enemigo, ya que las investigaciones de Cameron Patterson iban en contra de sus intereses. Se inició una campaña contra él que terminó en 1973, cuando la Agencia de Protección del Medio Ambiente le dio la razón al geoquímico emitiendo una norma que obligaba a iniciar la reducción progresiva de la presencia de plomo en los combustibles y que se completó en 1986.

FICHA PERSONAL

Nombre: Clair Cameron Patterson.

Fecha de nacimiento: 2 de junio de 1922.

Nacionalidad: Norteamericana.

Ocupación: Geoquímico.

Intereses: La ciencia, el medio ambiente y los efectos negativos que algunas sustancias tienen en nuestra salud.

Rasgos de personalidad: Era muy metódico en su trabajo; defendía sus ideas tras hacer un estudio exhaustivo, recopilando todas las pruebas posibles. Su constancia y la seguridad en su proyecto le hizo mantenerse firme frente a los ataques y la campaña de difamación a la que fue sometido.

Cosas que dijo: «Encontré que había plomo que venía de aquí, plomo que venía de allá... había plomo en todo lo que estaba usando»; «Decidí que me levantaría y explicaría cómo funcionan realmente las cosas. Ese era mi trabajo».

Su legado: El cálculo de la edad exacta de la Tierra y su lucha para reducir los niveles de plomo, que además sirvió para concienciar e inspirar a los defensores del medio ambiente futuros.

UN PLANETA «ENVENENADO»

Clair Cameron Patterson podría haber llevado una vida tranquila, disfrutando de su prestigio e investigando en el Departamento de Geoquímica del Instituto de Tecnología de California, del que fue fundador. Pero se convirtió en un influyente activista, reclamando la eliminación del exceso de plomo. Estudió muestras del fondo del mar y del hielo de Groenlandia y las comparó con otras de la superficie ambiental, comprobando que en 100 años, las concentraciones de plomo se habían multiplicado ¡por dos mil! Fue de los primeros en activar la alarma sobre la «mala salud» del planeta.

Vasili Arkhipov

El marino ruso que evitó la III Guerra Mundial

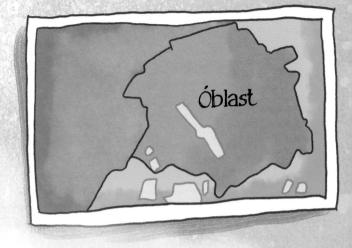

Óblast

asta hace relativamente poco tiempo, era muy difícil encontrar mi nombre en los libros de historia. Me llamo Vasili Arkhipov y nací en el Óblast de Moscú, un pequeño pueblo a las afueras de Moscú (Rusia).

Mis padres, que eran campesinos, se aseguraron de que recibiera una completa formación en la escuela local. Era muy buen estudiante y gracias a mis notas entré en la Escuela Superior Naval del Pacífico, pues siempre quise ser marinero.

Después de graduarme, ingresé en la Armada Rusa. Mi «especialidad» eran los submarinos: disfruté mucho en ellos sirviendo en las flotas del mar Negro, el mar del Norte y el Báltico.

Fue precisamente en una de esas misiones cuando tuve que hacer frente a la primera de las «situaciones desesperadas» para las que, por lo visto, el destino me había elegido…

En 1961, mis jefes me pusieron al frente de un nuevo submarino nuclear, el K-19. Cuando estábamos realizando unos ejercicios en las costas de Groenlandia se produjo una fuga en el servicio de refrigeración que puso en peligro el funcionamiento de la nave, con el riesgo de que saltáramos todos por los aires. En pocos minutos decidí poner a toda la tripulación a trabajar en un sistema de enfriamiento de emergencia que salvó nuestras vidas.

Un año después me tuve que enfrentar al «más difícil todavía», durante la conocida como crisis de los misiles de Cuba. En esta ocasión, mi sangre fría ante la falsa alarma de ataque nuclear en el submarino B-59 sirvió para evitar una catástrofe mundial.

Sin embargo, en ese momento, nadie –ni siquiera yo– se dio cuenta de la importancia de mi actuación. Pasado el revuelo, yo seguí trabajando para la marina rusa, llegando a ser vice-almirante, cargo que ocupé hasta que me jubilé. Lo que más deseaba era la tranquilidad y la encontré retirándome junto a Olga, mi mujer, en mi pueblo natal, donde fallecí en 1998.

CALOR ASFIXIANTE, DESMAYOS ... Y UN HOMBRE SERENO CON MUCHA SANGRE FRÍA

En 1962, la entonces Unión Soviética (la actual Rusia) y EE.UU. estaban en plena Guerra Fría. Ambos países contaban con armamento nuclear y la tensión era máxima. En octubre de ese año, los norteamericanos detectaron cerca de las costas de Cuba la presencia del submarino nuclear soviético B-59. Para obligarle a salir a la superficie, la armada de EE.UU. lanzó pequeñas cargas explosivas cuyos impactos estropearon el sistema de refrigeración y la radio, e hizo creer a los tripulantes del submarino que les habían declarado la guerra. La nave llevaba 17 horas a gran profundidad, la temperatura rozó los 50 ºC y la tripulación empezó a desmayarse.

Como no tenían contacto con Moscú para confirmar un ataque, siguieron el protocolo: había que tomar las decisiones por unanimidad entre los tres oficiales a bordo. Arkhipov era uno de ellos. Los otros dos eran partidarios de atacar. Pero Arkhipov se negó y convenció (no sin esfuerzo) a sus compañeros de que era mejor salir a la superficie y esperar órdenes de Moscú. Y estuvo en lo cierto. Gracias a esta acción se evitó una guerra nuclear y al día siguiente los presidentes de Rusia y EE.UU. dieron por zanjada la «crisis de los misiles».

HAZAÑA DESCONOCIDA HASTA 2002

Tanto la proeza de Arkhipov como todo lo que ocurrió en el B-59 estaba clasificado como de «alto secreto» hasta 2002. Fue durante la celebración del 40 aniversario de la crisis de los misiles cuando todo salió a la luz. A partir de entonces, el mundo entero se enteró de su heroicidad y Arkhipov recibió muchos reconocimientos, entre ellos, el homenaje de The Future of Life Institute, una institución de cuyo consejo científico han formado parte personas del nivel de Stephen Hawkins.

FICHA PERSONAL

Nombre: Vasili Arkhipov.

Fecha de nacimiento: 30 de enero de 1926.

Nacionalidad: Rusa.

Ocupación: Marino, comandante de la armada rusa y director de la Academia Naval de Kirov.

Intereses: Los submarinos y todo lo relacionado con su funcionamiento.

Rasgos de personalidad: Los que lo conocieron lo describen como un hombre inteligente, educado, de trato agradable y muy tranquilo.

Cosas que dijeron de él: «Supo ver, en medio de la tensión, que lanzar los torpedos nucleares era una locura» (Olga Arkhipova, esposa de Arkhipov); «Siempre pensó que hizo lo que tenía que hacer y nunca consideró sus acciones como heroísmo. Actuó como un hombre que sabía qué tipo de desastres pueden producir las armas nucleares» (Yelena Arkhipov, su hija).

Su legado: Lo resumen las palabras de Thomas Blanton, director del Archivo de Seguridad Nacional de EEUU: «Un tipo llamado Vasili Arkhipov salvó al mundo».

¿Sabías que...

Las «heroicidades» de Arkhipov sirvieron de base para el argumento de dos películas: «Marea Roja», que recrea lo que ocurrió dentro del submarino B-59, y «K-19 The Widowmaker», en la que se cuenta el incidente nuclear ocurrido en esa nave en las costas de Groenlandia.

James Harrison

El hombre del brazo de oro

Me llamo James Harrison y nací en Nueva Gales del Sur (Australia). Creo que mi vida habría sido la de un joven australiano normal y corriente si a los 14 años no me hubiera enfermado gravemente. Me tuvieron que operar de urgencia y la intervención duró varias horas. Cuando me desperté los médicos me dijeron que ¡me habían tenido que quitar un pulmón!

También me dijeron que estaba vivo gracias a los donantes voluntarios de sangre, ya que me habían tenido que transfundir más de 6 litros. Ese dato me impactó mucho. «Estoy en deuda con esas personas, así que yo también quiero ser donante», le dije a mi madre. Pero no pude hacerlo hasta que cumplí los 18, ya que la ley australiana no permite donar a menores de edad.

A partir de ese momento, acudí regularmente al centro de donación de sangre de la Cruz Roja australiana. Diez años después, un grupo de médicos se pusieron en contacto conmigo y me preguntaron si quería participar en un ensayo clínico. Me explicaron que estaban buscando un tipo determinado de anticuerpos, el Anti-D, y que analizando los bancos de sangre de toda Australia habían descubierto que yo lo tenía y, además, en gran cantidad.

Gracias a este hallazgo, pudieron elaborar un fármaco y una vacuna a partir de la sangre que yo donaba, a fin de conseguir que los bebés de las embarazadas que tenían una enfermedad llamada EHRN nacieran sanos.

Curiosamente, mi hija necesitó ese fármaco, y gracias a ello, su segundo hijo (mi nieto) vino al mundo sin ningún problema.

¿Sabías que...

A pesar de donar sangre durante 64 años de forma ininterrumpida, a James le daban mucho miedo las agujas. Siempre miraba para otro lado cuando le pinchaban y en los últimos tiempos llevaba una pelota antiestrés y jugaba con ella mientras le hacían la extracción.

EL HOMBRE DEL BRAZO DE ORO

La sangre de Harrison contenía un anticuerpo poco común que se usa para producir un medicamento llamado inmunoglobulina anti-D o inmunoglobulina Rh. Este fármaco fue la solución a una enfermedad, la EHRN, que afecta a los recién nacidos (antes de este hallazgo, miles de bebés australianos morían cada año a causa de ella, sin que los médicos supieran bien por qué). La enfermedad se produce cuando una mujer con un tipo de sangre Rh negativo se queda embarazada y el feto tiene sangre Rh positivo. Se produce entonces lo que se conoce como «incompatibilidad de Rh», que da lugar a problemas muy serios en el bebé, y que se puede prevenir con la administración de este medicamento.

La donación de Harrison supuso la solución a este problema, y por eso se le conoce cariñosamente como «el hombre del brazo de oro».

FICHA PERSONAL

Nombre: James Christopher Harrison.

Fecha de nacimiento: 27 de diciembre de 1936.

Nacionalidad: Australiana.

Ocupación: Oficinista.

Intereses: Actualmente, Harrison disfruta de su jubilación en una casa junto al mar y de vez en cuando asiste a festivales de música country, que es una de sus aficiones.

Rasgos de personalidad: Es un hombre simpático, que no se considera un héroe sino alguien afortunado por poder ayudar a muchas personas.

Cosas que dijo: «Mi vida fue salvada por la donación de sangre, por eso me convertí en donante»; «Solo espero que mi historia sirva de inspiración a otras personas para convertirse en donantes de sangre. Se tarda muy poco y con ello se salvan muchas vidas».

Su legado: Gracias a la sangre de Harrison ha sido posible salvar la vida a 2,4 millones de bebés. Actualmente los casos de la enfermedad EHRN son muy raros.

UN DONANTE JUBILADO TRAS 64 AÑOS DE INTENSA «ACTIVIDAD»

En 2018, cuando cumplió 81 años (edad límite en Australia para poder ser donante de sangre), James Harrison hizo su última donación. Para celebrarlo, las autoridades le prepararon un acto de agradecimiento en el que figuraban unos globos con el número 1 173, que es el total de donaciones que realizó a lo largo de 64 años y que en la práctica suponen cerca 800 ml de sangre, una vez a la semana, a lo largo de seis décadas. En reconocimiento a su servicio a la comunidad, Harrison fue condecorado con la Orden de Australia, una de las distinciones más importantes del país.

Malala Yousafzai

Defensora de la educación

¡Hola!, me llamo Malala y puede que me hayas visto alguna vez en la tele, ya que gracias a los medios de comunicación mi historia salió a la luz. Nací en Mingora, un pequeño pueblo de Pakistán. Tengo dos hermanos y mi infancia era muy feliz. Me encantaba ir al colegio con Moniba, mi mejor amiga.

Mingora

Pero todo cambió cuando un grupo de gobernantes radicales se hizo con el control de la región en la que vivíamos. Una de las primeras cosas que hicieron fue eliminar libertades, sobre todo a las mujeres, y nos prohibieron asistir a clase. Yo tenía entonces 11 años.

¡Qué injusto! Os confieso que sentía mucho miedo, porque estábamos continuamente vigilados, pero no podía callarme. Fue así como se me ocurrió empezar a escribir un blog en internet para contarle a todo el mundo lo que estaba ocurriendo en mi país.

Entre los cada vez más numerosos seguidores de mi blog se encontraba un periodista británico, que se interesó por mi historia y fue el primero en darle visibilidad. Me empecé a convertir en un personaje «famoso», ya que me hicieron varios reportajes y entrevistas. Y con la fama llegaron también las amenazas…

… que se hicieron realidad el 9 de octubre de 2012. Ese día, Moniba y yo íbamos charlando en el autobús, cuando de repente el conductor frenó y dos hombres subieron y preguntaron por mí. Mi amiga me señaló, convencida que eran unos periodistas, pero en lugar de cámaras, sacaron armas y me dispararon.

Las heridas eran tan graves que los médicos les dijeron a mis padres que se prepararan para lo peor. Me llevaron a Inglaterra, donde estaban los mejores especialistas, y allí me operaron muchas veces. Por suerte, me recuperé mucho antes de lo previsto y en cuanto me encontré mejor decidí que la vida me había dado una segunda oportunidad y los que quisieron callarme con balas no lo consiguieron, así que iba a aprovechar mi fama para defender los derechos de los niños y las niñas de todo el mundo. A ello me sigo dedicando actualmente, y espero seguir haciéndolo durante mucho tiempo.

Con tan solo 16 años, Malala escribió su autobiografía titulada «Yo soy Malala», en la que cuenta cómo era su vida antes y después del atentado que sufrió. El libro fue un auténtico éxito de ventas.

EL SECRETO DE GUL MAKAI

Por precaución, Malala no firmaba el blog con su nombre, sino que utilizaba un seudónimo, Gul Makai. Y por la misma razón, tampoco lo escribía directamente en su ordenador, sino que lo hacía en un folio y luego lo mandaba por correo al periodista de la BBC que la dio a conocer. Él lo escaneaba y lo publicaba. Poco después, *The New York Times* grabó un documental sobre su vida que la hizo famosa en todo el mundo.

Gracias al blog de Malala, las escuelas de su ciudad volvieron a abrir y las niñas pudieron retomar sus estudios, aunque debido al miedo que había entre la población, en las aulas solo había la mitad de las alumnas que antes. Malala era una de ellas… aunque, como hemos visto, tuvo que pagar un precio muy alto.

FICHA PERSONAL

Nombre: Malala Yousafzai.

Fecha de nacimiento: 12 de julio de 1997.

Nacionalidad: Paquistaní.

Ocupación: Activista y conferenciante. Estudiante de política, filosofía y economía en la Universidad de Oxford.

Intereses: Le encanta la música (su cantante favorito es Justin Bieber), el cine y la saga de películas «Crepúsculo».

Rasgos de personalidad: Valiente, luchadora, comprometida y muy alegre.

Cosas que dijo: «Un país no es más fuerte por el número de soldados que tiene, sino por su índice de alfabetización»; «Un niño, un profesor, un bolígrafo y un libro pueden cambiar el mundo»; «La educación es un poder para las mujeres, y por eso los terroristas le tienen miedo a la educación».

Su legado: Junto a su padre fundó la Malala Fund, una organización internacional centrada en conseguir que todas las niñas del mundo tengan derecho a la educación. .

UN MÉTODO ATÍPICO

En 2014, con 17 años, Malala recibió el Premio Nobel de la Paz por su lucha contra la opresión infantil y a favor del derecho de todos los niños a la educación, convirtiéndose en la persona más joven en ser reconocida con el prestigioso galardón. A pesar de su juventud, ya ha luchado durante varios años por el derecho de las niñas a la educación, demostrando con su ejemplo que niños y jóvenes también pueden contribuir a mejorar su situación.

Además del Nobel, Malala ha recibido numerosos premios y reconocimientos en todo el mundo. «No quiero ser recordada como la niña que recibió un disparo. Quiero ser recordada como la chica que se puso de pie y siguió», ha dicho en más de una ocasión, como respuesta a estos reconocimientos

Greta Thunberg

La lucha contra el cambio climático

Me llamo Greta Thunberg. Cuando tenía 16 años ya había recorrido buena parte de los países europeos; estuve en EE.UU., en la sede de la ONU y fue nombrada Persona del Año por la revista *Time*. ¿La razón? Mi empeño porque todo el mundo se concienciara del cambio climático.

Nací en Estocolmo (Suecia), donde vivo con mis padres y mi hermana Beata. De pequeña me diagnosticaron síndrome de Asperger, un trastorno del neurodesarrollo que hace que los que lo padecemos seamos menos sociables y comunicativos, pero también que cuando algún tema nos interesa nos centremos en él y nos convirtamos en auténticos expertos.

En mi caso, lo que más me ha interesado desde siempre ha sido el medio ambiente, y, sobre todo, las cosas que los habitantes del planeta estamos haciendo para estropearlo. Me he dado cuenta de que los adultos dicen una cosa y luego hacen otra totalmente distinta. Por ejemplo: todo el mundo habla del cambio climático, pero muy pocas personas actúan de forma adecuada para evitarlo.

A los 8 años empecé a leer todo lo que caía en mis manos sobre el tema; decidí dejar de comer carne (y convencí a mis padres de que también lo hicieran) y me negué a utilizar los medios de transporte más contaminantes. De hecho, cuando me invitan a alguna conferencia o a un evento en cualquier parte del mundo, nunca voy en avión, sino que viajo en barco, en tren o en coche eléctrico.

A los 15 años gané un concurso de ensayos sobre el cambio climático en un periódico local y poco después decidí iniciar mi propio movimiento reivindicativo: la «Huelga escolar por el clima», que consistía en faltar a clase los viernes para manifestarme frente al parlamento sueco, y de paso recordar la necesidad de adoptar medidas urgentes para frenar el deterioro medioambiental.

Pronto miles de jóvenes se unieron y los #FridaysForFuture pasaron a ser un movimiento global. En pocos meses me convertí en líder mundial en la lucha contra el cambio climático.

«¿CÓMO SE ATREVEN?»

Desde 2018, Greta participa en las principales reuniones internacionales sobre el medio ambiente. Su intervención en la Cumbre del Clima de la Asamblea de la ONU se convirtió en un «clásico» y supone una declaración de intenciones:

«Yo debería haber vuelto a la escuela al otro lado del océano. Sin embargo, todos ustedes vienen a nosotros, los jóvenes, en busca de esperanza. ¿Cómo se atreven? Han robado mis sueños y mi infancia con sus palabras vacías. La gente está sufriendo. La gente está muriendo. Ecosistemas enteros se están derrumbando. Estamos en el comienzo de una extinción masiva y todo de lo que hablan es de dinero y de cuentos de hadas sobre el crecimiento económico. ¿Cómo se atreven?».

ECO, NO EGO

RECICLA

SOLO TENEMOS UN PLANETA

ESTÁ PASAN

#FRIDAYSFORFUTURE

El movimiento **#FridaysForFuture** («Viernes para el futuro») iniciado por Greta pronto empezó a ser muy popular entre los jóvenes de Estocolmo y desde ahí se extendió a más de 1600 ciudades del mundo. La principal reivindicación de los jóvenes de este movimiento es que se adopten medidas para limitar el aumento de la temperatura global del planeta (que se ha disparado debido al efecto de la industria, de los automóviles, etc.) y que se cumpla el objetivo de reducir las emisiones de carbono que los líderes mundiales acordaron en 2015, en la cumbre climática de París.

FICHA PERSONAL

Nombre: Greta Thunberg.

Fecha de nacimiento: 3 de enero de 2003.

Nacionalidad: Sueca.

Ocupación: Estudiante y activista medioambiental.

Intereses: El medio ambiente.

Rasgos de personalidad: Tímida y poco habladora, confiesa que le gusta seguir rutinas y tener planificada su jornada.

Cosas que dijo: «Nunca eres demasiado pequeño para marcar la diferencia»; «Estoy aquí para decir que nuestra casa está en llamas».

Su legado: Se ha convertido en un símbolo mundial de la lucha contra el calentamiento global. También está muy implicada en dar visibilidad a las personas que, como ella, padecen el síndrome de Asperger.

PLÁSTICO NO!

SALVEMOS
EL PLANETA

¿Sabías que...

Greta dedica muchas horas a leer y actualizar sus conocimientos sobre el cambio climático. Durante las huelgas, preparaba listas llenas de datos y evidencias sobre los riesgos que corre el planeta, y las repartía entre los asistentes.

1. Homo erectus (prehistoria, hace 1 600 000 años) y el fuego. Los investigadores tienen bastante claro que fue uno de nuestros antepasados, el Homo erectus, el primero que utilizó el fuego y aprendió cómo generarlo. Se piensa que el primer encuentro entre el hombre y el fuego fue como consecuencia de un incendio producido al caer un rayo, y luego nuestros parientes prehistóricos hacían fuego cuando lo necesitaban frotando dos varillas de madera o chocando dos piedras hasta que saltaba la chispa. El descubrimiento del fuego se considera uno de los hitos más importantes de la Historia, ya que cambió la vida de los hombres para siempre.

2. Tales de Mileto (625-550 a.C.) y las matemáticas.

Considerado uno de los siete sabios griegos, se le reconoce haber sido el creador de las matemáticas. Gracias a su afán por conocer el origen y la composición del Universo consiguió que los científicos comenzaran a interesarse, por ejemplo, por la importancia que tienen los eclipses. Sus dotes para la medición de las cosas –podía calcular la altura de un edificio con solo medir su sombra– dio lugar a una serie de «reglas», como el Teorema de Tales, en las que se basan las matemáticas de hoy.

3. Ciro II El Grande (600-530 a.C) y la primera «declaración» de derechos humanos. Aunque su vida no fue nada fácil, Ciro no dejó entrar la amargura en su corazón. Una vez recuperados sus derechos al trono, se convirtió en rey de la Persia antigua. Cuando sus ejércitos conquistaron Babilonia, ordenó que los esclavos fueran liberados.

En cada uno de los territorios a los que extendió su poder impuso que sus nuevos súbditos debían tener derecho a elegir su propia religión, y decretó la igualdad de todas las etnias. Todas estas decisiones sobre las libertades y el respeto a las creencias quedaron escritas en un enorme cilindro de barro cocido, conocido como el «cilindro de Ciro», que se considera el primer documento de derechos humanos.

Cilindro de Ciro

4. Adriano (76-138 d.C.) y el respeto a los pueblos conquistados.

Aunque su llegada al poder estuvo rodeada de intrigas, traiciones y acusaciones varias, durante su mandato el Imperio Romano vivió un largo periodo de paz y un gran desarrollo: impulsó la agricultura, reforzó las fronteras, mejoró los servicios públicos, reformó y embelleció las calles de Roma con impresionantes construcciones (entre ellas, el Castillo de Sant' Angelo, que sería su mausoleo), hizo la primera recopilación de la jurisprudencia romana, pero, sobre todo, prestó atención y se interesó por las necesidades de los habitantes de los distintos territorios que formaban el Imperio, incluidas mejoras importantes en las condiciones de vida de los esclavos.

5. Lorenzo I de Médicis (1449-1492) y el mecenazgo más potente de la historia.
Príncipe de Florencia, también llamado «el Magnífico», fue un político, estadista, diplomático, poeta, filósofo y, por encima todo, un amante de las artes y tal vez el mecenas más importante de la historia, ya que sin su ayuda, tal vez Leonardo o Miguel Ángel, entre otros, lo habrían tenido mucho más difícil para dar a conocer su obra.

6. Gabriel Fahrenheit (1686-1736) y el termómetro de mercurio.
Ese gesto tan sencillo e imprescindible cuando estamos enfermos que es ponerse el termómetro para saber si tenemos fiebre no habría sido posible sin el trabajo de este físico alemán. Desde muy pequeño tuvo fijación con los aparatos de precisión que vendía su padre y, de hecho, se animó a inventar varios artilugios. Pero la «inspiración» de su gran aportación, el termómetro de mercurio (el previo al digital), le vino cuando trabajaba en una fábrica de vidrio. Fahrenheit vio que el cristal era el soporte ideal para comprobar cómo el mercurio subía cuando lo hacía la temperatura corporal y, además, creó un sistema de grados para medirla que lleva su nombre y que actualmente se emplea en muchos países de habla inglesa.

Gabriel Farenheit

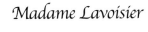

Madame Lavoisier

7. Anne Marie Paulze, madame Lavoisier (1758-1836) y la química moderna.
Aunque el que ha pasado a la historia como padre de la química fue su marido, Antoine Lavoisier, la labor de su mujer Anne Marie, química como él, fue determinante para los logros atribuidos a Antoine. Casada con él desde muy joven, ambos realizaron juntos la mayoría de los experimentos. Además, era la encargada de registrar las anotaciones en los cuadernos del laboratorio y de hacer las ilustraciones de las obras publicadas por su marido (era una excelente dibujante).

8. George William Manby (1764-1854) y el extintor de incendios. La verdadera pasión de este inventor inglés era la marina y no paró hasta entrar en la Armada Británica. Sin embargo, su aportación más celebrada no se gestó en alta mar sino en tierra firme cuando presenció el incendio de un edificio de gran altura y vio cómo, a pesar de los esfuerzos de los bomberos, las mangueras no alcanzaban la altura necesaria. Fue así como se le ocurrió diseñar y construir el primer extintor portátil.

9. Abraham Lincoln (1809-1865) y la abolición de la esclavitud. Abogado y político estadounidense, se dio a conocer por su defensa de los derechos de la población negra. Por eso, a nadie le sorprendió que cuando fue elegido presidente de su país, en 1860, una de las primeras leyes que aprobó fue la abolición de la esclavitud. La decisión produjo muchos enfrentamientos que desembocaron en la guerra de secesión norteamericana. Acabada la guerra, fue reelegido presidente y en 1864, poco antes de morir asesinado a manos de un sudista (partidario de la esclavitud), dio un paso más hacia las libertades de la población negra, al introducir una enmienda antiesclavista en la constitución norteamericana.

10. Elisha Otis (1811-1861) y los ascensores «seguros». Aunque los ascensores como tales ya existían, los que suben y bajan de forma automática tan solo con pulsar un botón son un invento del norteamericano Elisha Otis. En 1859, Otis instaló en Nueva York el primer ascensor mecánico, que tenía unos frenos de seguridad y cuyo motor era una máquina a vapor. Debido al éxito de este invento, Otis creó la empresa que lleva su nombre. De hecho, hoy en día, muchos de los ascensores del mundo se «llaman» Otis.

Horace Wells

11. Horace Wells (1815-1848) y la anestesia quirúrgica. A principios del siglo XIX, uno de los grandes problemas que tenían los dentistas era cómo extraer dientes y muelas sin dolor. El dentista norteamericano Horace Wells no hacía más que darle vueltas a este tema. Y la solución vino de una sustancia, el óxido nitroso, que se convirtió en la atracción de moda en las ferias que visitaban los pueblos y ciudades. ¿La razón? Quienes lo inhalaban, entraban en una especie de trance y empezaban a aullar y a hacer cosas graciosas que provocaban las carcajadas de las personas de alrededor. Por eso se conocía como «el gas de la risa». En una de estas demostraciones, Wells observó cómo un conocido que había inhalado el gas se dio un enorme golpe en la pierna que le produjo una gran herida, y solo empezó a sentir dolor cuando se le pasó el efecto del gas. Así nació la anestesia quirúrgica.

12. Ignaz Semmelweis (1818-1865) y el lavado de manos.

Semmelweis trabajaba en el Hospital de Viena y tras analizar la mortalidad de las mujeres en el parto en el pabellón del que era responsable, ordenó a todos los ayudantes, tanto médicos como matronas, que se lavaran y desinfectaran las manos antes de tocar a las pacientes. ¿Resultado? El número de muertes se redujo drásticamente y, desde entonces, el lavado de manos se convirtió en una medida de higiene imprescindible, tanto para los médicos como para todos nosotros.

Ignaz Semmelweis

13. Henry Dunant (1828-1910) y la Cruz Roja Internacional.

Cuando este joven empresario suizo visitó la localidad italiana de Solferino, no sabía que ese viaje iba a cambiar su vida entonces y la de millones de personas años después. Fue testigo directo de cómo iban llegando los heridos de la contienda que en ese momento enfrentaba a las tropas francesas y austriacas. Dunant ayudó a los pocos médicos presentes para atender a la cantidad de hombres que habían salido mal parados y comprobó las precarias condiciones y los escasos medios con los que trabajan los sanitarios. Nada más volver a Ginebra se valió de sus contactos para involucrar a los representantes de distintos gobiernos en la creación de una asociación que ayudara a los heridos de guerra. En agosto de 1864 se creaba el Comité Internacional de la Cruz Roja, una nueva organización que nacía con una finalidad muy clara: servir, ayudar y socorrer a las personas allí donde es necesario a causa de una guerra o catástrofe.

Henry Dunant

14. Wilhelm Roentgen (1845-1923) y los rayos X y la radiografía.

Este físico alemán habilitó un laboratorio en su casa, ya que le gustaba investigar en solitario. Le obsesionaba una nueva tecnología: los tubos de rayos catódicos con los que hacía muchos experimentos. Una noche, rodeó uno de estos tubos con un papel negro y proyectó la luz «tapada» sobre una pantalla cubierta con una sustancia fluorescente, comprobando que la pantalla se iluminaba. Descubrió que estos rayos podían penetrar casi cualquier material. ¿Sería igual con el cuerpo humano? Lo comprobó con la ayuda de su esposa, Berta, quien colocó su mano entre el tubo y la pantalla, en la que en pocos segundos aparecieron los cinco huesos de sus dedos. Esta imagen (realizada en 1895) se considera la primera radiografía de la historia, un hallazgo por el que Roentgen recibió el premio Nobel.

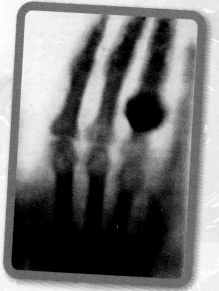

Radiografía de la mano de Berta

15. Mahatma Gandhi (1869-1948) y la política de la no violencia.

Nacido en la India, al acabar el colegio su familia lo envió a estudiar a Inglaterra, donde hizo la carrera de Derecho. Nada más graduarse, viajó a Sudáfrica para ejercer la defensa de los miles de hindúes exiliados en ese país. Al volver a la India, inició su carrera política y encabezó el movimiento de independencia de su país frente al colonialismo británico, pero usando un método muy particular: el de la no violencia. Sus «armas» eran el ayuno ilimitado y la protesta pacífica.

Mahatma Gandhi

16. Winston Churchill (1874-1965) y el arte de gobernar y motivar en tiempos adversos.

Estadista, escritor y líder británico, toda su larga vida estuvo dedicada a la política, formando parte del gobierno y también como asesor. Su gran formación política y su talante visionario hicieron que se diera cuenta muy pronto del gran peligro que Hitler suponía para Europa. Poco después de estallar la II Guerra Mundial fue elegido primer ministro. Churchill recorrió toda Inglaterra para reconfortar a sus ciudadanos con discursos inspiradores, los cuales terminaba siempre haciendo la «V» de victoria con los dedos, que hoy utilizamos todos.

Winston Churchill

17. Felix Hoffmann (1868-1946) y la formulación de la aspirina.

Tradicionalmente el mérito de inventar la aspirina ha recaído en el farmacéutico alemán Felix Hoffmann, el cual, tras graduarse, comenzó a trabajar en los laboratorios Bayer (productor de la aspirina a nivel mundial). El fármaco como tal ya estaba «inventado» –su principio activo, el ácido acetilsalicílico, se extrae del sauce, y era un remedio que se usaba antes para aliviar el dolor–, pero la gran aportación de Hoffmann fue encontrar el mejor método para producir el ácido acetilsalicílico de una forma más pura y estable, dando lugar al fármaco aspirina.

18. Henry Kaiser (1882-1967) y las construcciones prefabricadas.

Conocido como el rey del hormigón armado y el creador de las carreteras pavimentadas, este industrial norteamericano fundó en 1939 la que pronto se convirtió en la primera empresa mundial productora de cemento. Pero su principal aportación fue el sistema de la prefabricación, que consiste en fabricar en serie los componentes que van a formar parte de una estructura o construcción en una planta industrial y luego montarlos en el lugar de destino. Este método, mucho más sencillo y rápido que el sistema de construcción tradicional, permitió la construcción de puentes, autopistas, etc. Al estallar la II Guerra Mundial, Kaiser adaptó su sistema a la industria naval, gracias a lo cual fue posible construir en muy poco tiempo la enorme flota de lanchas a bordo de las cuales iban las tropas aliadas que en 1944 protagonizaron el desembarco de Normandía.

19. Wallace Carothers (1896-1937) y el náilon. Seguramente este químico orgánico norteamericano nunca se pudo imaginar hasta qué punto el material que inventó iba a cambiar para siempre el mundo textil. Mientras trabajaba en la fábrica de la empresa química Du Pont, desarrolló una nueva fibra sintética a la que llamó náilon, una palabra que él mismo se inventó. La primera prenda que se fabricó con el nuevo material fueron las medias transparentes femeninas, que se convirtieron en todo un éxito. Pero el náilon también fue muy útil en la II Guerra Mundial, ya que se utilizó para fabricar material para el ejército tan importante como los chalecos antibalas. De hecho, se le dio el sobrenombre de «la fibra que ganó la guerra».

Wallace Carothers

20. Charles Lindbergh (1902-1974) y el primer vuelo transatlántico. El joven aviador norteamericano Charles Lindbergh realizó el primer vuelo sin escala sobre el Atlántico en dirección oeste-este. El 20 de mayo de ese año salió del aeropuerto de Nueva York a las 12 horas 50 minutos para aterrizar en París a las 22 horas 20 minutos del 21 de mayo, tras recorrer un total de 5 800 km a bordo de su avión monoplano llamado *Espíritu de San Luis*. Su proeza le dio mucha popularidad, y pasó a ser conocido como «El caballero del aire».

Charles Lindbergh

21. Dag Hammarskjöld (1905-1961) y la diplomacia más «diplomática». Este político sueco, considerado como el padre de la diplomacia moderna, fue secretario general de la ONU, un puesto que ocupó durante ocho intensos años, hasta su muerte en un accidente de avión. Su intervención fue fundamental para evitar y resolver varios conflictos internacionales. Por todo ello, se le concedió el Premio Nobel de la Paz un año después de su muerte (es el único galardonado que ha recibido esta distinción de manera póstuma).

22. Norman Ernest Borlaug (1914-2009) y la «revolución verde». Científico agrícola norteamericano, estudió Biología, especializándose en el área de las enfermedades de las plantas. Su labor llegó a oídos de los responsables del Programa de

Dag Hammarskjöld

Cooperación Agrícola de la Fundación Rockefeller en México, los cuales buscaban una solución para los cultivos enfermos de trigo en ese país, que había dado lugar a una situación preocupante. Borlaug experimentó con nuevas variedades de trigo, lo que potenció los cultivos y solucionó el problema, una actuación conocida como «la revolución verde». Ante este éxito, el científico acudió a la llamada de las autoridades de India y Pakistán, reproduciendo el modelo aplicado en México y obteniendo también excelentes resultados.

23. Jonas Salk (1914-1995) y la vacuna contra la poliomielitis.

Aunque la poliomielitis casi está erradicada, a mediados del siglo XX era una de las principales preocupaciones para la ciencia, debido a su gravedad y virulencia, sobre todo entre los niños. Salk, profesor de Bacteriología en la Universidad de Pittsburgh desarrolló una vacuna frente a la polio en 1954. Organizó entonces una campaña de vacunación masiva en su país, EE.UU., y enseguida esta campaña se extendió a todos los países. Salk se negó a obtener ningún beneficio económico por su invento y, de hecho, ni siquiera patentó la vacuna.

Jonas Salk

24. Stanislav Petrov (1939-1917) y el poder de la intuición (y la lógica).

Todo ocurrió el 23 de septiembre de 1983, cuando Petrov estaba al frente del búnker Serjupov-15, desde el que se coordinaba la defensa aeroespacial rusa. Pasada la medianoche, un satélite emitió la alarma de que EE.UU. había lanzado un misil intercontinental que alcanzaría a la entonces Unión Soviética en tan solo 20 minutos, e informaba también de que se habían lanzado otros seis. El protocolo marcaba que había que emitir un informe de ataque a las autoridades que iba seguido al instante de un lanzamiento defensivo de misiles. Pero su instinto le llevó a informar de que se había producido un error en el sistema de alertas –cosa que confirmó cuando, 20 minutos después, vio que no había pasado nada– en vez de activar el protocolo de ataque. Una decisión trascendental para la humanidad.

Stanislav Petrov

25. Tim Berners-Lee (1955-) y la www, el punto de partida de Internet.

Licenciado en Física por la Universidad de Oxford, inició su carrera en el Laboratorio Europeo de Física de las Partículas (CERN) y fue allí donde desarrolló en 1989 el programa Enquire, que ha sido la base de la World Wide Web (www), el punto de partida de Internet. Berners-Lee también es el autor de elementos como el HTLM o la URL, esenciales para el funcionamiento de la comunicación en red.

ÍNDICE ALFABÉTICO